正常就好，何必快樂？

——當代最好也最具爭議性的作家，珍奈・溫特森自傳

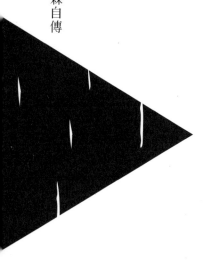

珍奈・溫特森___著　Jeanette Winterson

三珊___譯

Why be happy when you could be normal

獻給我的三位母親：
康斯坦絲·溫特森
露絲·倫德爾
安·S

以愛與感謝獻給蘇西·奧爾巴赫。

感謝保羅・席瑞爾追溯族譜圖。碧本・琦德倫的諮詢熱線！維琪・麗可芮許和孩子們：我的家人。所有支持我的友人。卡洛琳・米歇爾——很棒的經紀人和朋友。也感謝凱普出版社和佳釀出版社裡所有相信這本書的人——特別是瑞秋・可諾妮與丹・富蘭克林。

目錄

推薦序

如果電話亭

作家　李屏瑤

日本岩手的海邊有座純白的電話亭，人們從或近或遠的地方跋涉而至，拿起老派的黑色轉盤電話，想說的話很難說出口，沉默或哭泣都是有的。與其他的電話亭不同，這具電話並沒有接線。興建者是日本三一一震災的倖存者，他將此命名為「風之電話亭」，無法輕易轉達的，就交給風吧。

讀《正常就好，何必快樂》時，我腦中反覆浮出這個畫面。在冬夜的一座電話亭裡（因為背景是英國，想像的電話亭自動置換為紅色），珍奈·溫特森正透過話筒，把這本書的內容一字一句傳遞過來。

書中的確有著難以忘懷的電話亭場景，她在出版《柳橙不是唯一的水果》後，收到母親怒氣沖沖的來信，信中命令她打電話回去。此時她們已有數年沒有見面，沒有太久之後，她們將迎來最後一次見面。她的住處沒有電話，她找到一座電話亭，溫特森太太家也沒有電話，母親也走到一座電話亭去等電話。

她們當然看不見彼此，但珍奈．溫特森幾乎完整地看見了母親。穿著醫療用褲襪、平底涼鞋與連身裙，身材高大、一百二十七公斤的母親，勢必擠滿了整座電話亭。母親在那，電話通了很久，只是母親也始終不在，如同她生命中許多場景。

如果可以的話，我會推薦對這本書有興趣的讀者，也去讀《柳橙不是唯一的水果》。作者在二十五歲寫下的第一本小說《柳橙》，與她在五十一歲寫下的自傳《正常就好，何必快樂》，如同一張紙的兩面，在適當的光線角度之下，讀者可以看見另一面的字跡。例如，小說裡的主角是被丟棄在教堂的孤兒，現實生活的她，是被溫特森夫妻領養的棄嬰。

但也無妨，單獨讀這本書，並不會減損其鋒芒。是的鋒芒，本書是利器，開過光，刀尖沾的是自己的血。這也不是形容詞，她也算死過一次。

書名來自溫特森太太跟她說過的話，她在十六歲因為性傾向跟母親起爭執，母親質問：「若你可以正常，你為什麼要快樂？」

之後她離家，蝸居在朋友的小車上，為了建立生活的秩序，她在前座吃飯閱讀，後座睡覺。不上學的時候拚命工作，跟女友見面，去圖書館照著A－Z的順序讀書，以考上牛津大學為目標在生活。在學校與老師爭論文學作品時，被英文科主任注意到，萊特婁太太收留她。珍奈．溫特森生平第一次，擁有一把可以開啟屋子大門的鑰匙。

遲了一年，她還是考上牛津，長久的閱讀轉換成真正的入門票，工人階層的子女在某種意義上翻身了。忍耐著牛津的性別歧視、父權姿態，導師對女性的貶損，試圖找到自己滿意的生活方式，想要不被嘲笑也不帶罪惡感地去愛另一個女人。

溫特森太太在一九九〇年過世，《柳橙》出版後、那通電話後的五年。從書裡的線索看，她最後一次返回那個名為「家」的地方，仍在讀大學，她跟母親可能有十年沒見過面。

父親後來再娶，結婚幾年後，開始打第二任妻子。她開車到父親與繼母居住的老人安養中心，把父親從房間接出來，開車到河谷，喝著保溫瓶的熱茶。她想談談家暴事件，父親竟然哭了，沉默的人難得多話，說起戰爭與前一段婚姻的噩夢。摘錄原文如下：

「我真的愛過她……」他喃喃說著。

「你愛過她，但你現在愛的是莉莉安——而且你絕對不可以對她丟茶壺。」

「康妮不會原諒我再婚的。」

「沒關係的老爸，她會因為你的幸福而高興的。」

「不，她不會。」

而我心想，除非天堂不過是人間一隅，或者她的人格整個移植，否則——不，她絕不可能……但我沒說出口。我們只是靜下來，吃巧克力。接著他說：「我一直很害怕。」

「別怕，老爸。」

「不怕、不怕。」他得到安慰，點了點頭，像個孩子。他一直是個孩子，沒能好好照顧他我很難過，難過有那麼多孩子從未受到妥善照顧，使他們沒辦法長大。他們會變老，但長不大。長大需要愛。如果你走運，那樣的愛會在往後的生命中到來。如果你走運，就不會朝你愛的臉頰揮拳。

不懂愛的父母，教育出不懂愛的孩子。學習愛很難，尤其是當你的童年就像某種恆河猴實驗，愛從最初就被剝奪，那要從何處去拆解愛的本質呢？

早年生活與母親困擾著她，她自述，成長於習慣暴力的工人階級，在書中坦言，曾經打過幾個女朋友，直到理解那樣不對才收手。路途艱鉅，道阻且長，要耗費許多年的自省與痛苦，她才能修煉出火眼金睛，看見父親與已逝的母親，都不過是沒學到愛的孩子。包括自己，終於可以放自己一馬，學習愛，也接受被愛。不再追求不穩定回到的對象，不再陷入複雜的關係。

有個著名的思考問題是：如何把大象放進冰箱？在珍奈・溫特森的世界裡，問題被更改成：如何把母親拿出電話亭？一是打開門，二是，讓擠滿電話亭的母親走出來。

本書最初的篇章名為〈錯誤的嬰兒床〉，尾聲之前的篇章為〈傷口〉，前者來自母親的口頭禪，她發脾氣時總說：「魔鬼把我們帶錯了嬰兒床。」珍奈・溫特森覺得自己不會有人要，她就是錯誤的嬰兒床。至於傷口，她後來體認到，傷口是種禮物、是種象徵、也是標記，如同哈利・波特的閃電，那是劫後餘生的印記。傷口銘刻來時路，你來、你見、你活過。

從那個錯誤的嬰兒床翻身下床，她踏上尋找身世之路，與各種行政程序纏鬥，從泛黃的文件中，尋回自己最初的名字。本書是地圖，也是她的生命史，她在路途中以全知視角，盡力趨近、理解了這兩個母親。紙的正反兩面、透光隱隱可見的所有線索，最後兜在了一起，成為生命與書寫的莫比烏斯環，被拋棄的孩子最終把自己生了回來。降生在殘暴與冷酷之中，踏過絕望幽谷，但這扎扎實實是一本教人如何去愛的寬恕之書。

1 錯誤的嬰兒床

母親對我發脾氣時（這事經常發生），她總會說：「魔鬼把我們帶錯了嬰兒床。」

魔鬼從一九六〇年的冷戰及麥卡錫主義之中抽出空來，造訪曼徹斯特。造訪目的：蒙騙溫特森太太。這影像本身就具有浮誇的戲劇性。她是個浮誇的憂鬱人士。一個把左輪手槍藏在工具櫃，還把子彈放在碧麗珠清潔劑鐵罐裡的女人。一個為了避免和我父親同床、通宵熬夜烤蛋糕的女人。她器官下垂、甲狀腺出問題，而且心臟腫大，她腿上的潰瘡從來無法癒合，還有兩副假牙。無光澤的那一副每天戴，另一副珠光假牙就留待「最佳場合」使用。

我不清楚她為何不生／生不出孩子。但我知道，她收養我是想要有個朋友（她沒半個），而我就像一枚丟入世界的信號彈，一種宣告她身在此處的方式，一個標示她所在位置的記號。

她痛恨當個無名小卒，而我和所有小孩一樣，無論是否被領養，我得要活出她沒能活過的人生。我們這麼做是為了父母，別無選擇。

一九八五年，我的第一本小說《柳橙不是唯一的水果》出版時，她還健在。那是半自傳體的小說，描述一對信奉基督教五旬教派的父母，領養了一個小女孩。這女孩長大後理應成為傳教士，但她愛上了一個女人。災難一場。女孩離開家，進了牛津大學，回鄉卻發現母親已架設好無線電廣播器材，向異教徒傳送福音。母親有個頭銜，叫作「慈光」。

小說開場是這樣的：「跟大部分人一樣，我有很長一段時間都和父母住在一起。我父親愛看角力，母親愛與人角力。」

我人生中大部分時間都是赤手空拳的搏擊手。出手最猛的就是贏家。我小時就挨打，早已學會不哭。如果被鎖在門外過夜，我會坐在門階上，直到送牛奶的人過來，然後我喝掉那兩瓶各一品脫的牛奶，留下空瓶，好惹我媽生氣，這才走路上學去。

我們總是走路。我們沒車，也沒錢坐公車。我每天平均要走上五英里：到學校來回兩英里，到教堂來回三英里。

每晚都得上教堂，只有星期四除外。

我在《柳橙》一書裡寫了一些我家的事，此書出版後，母親寄給我一封充滿怒氣的信，以她工整無瑕的字跡命令我打電話回去。

到這時，我們已有數年未見面。我已離開牛津，湊合著過日子，年紀輕輕就寫了《柳橙》。此書出版時，我二十五歲。

我走到一座電話亭，我住處沒有電話。她走到一座電話亭，她家裡也沒有裝設電話。

我依指示撥打了阿克寧頓❶區碼和電話號碼，與她通上話。誰需要通訊軟體呢？

我從聲音就能夠看見她，她一開口，身影就在我面前成形。

她是個體型頗有份量的女人，身材高大，體重約一百二十七公斤。她穿醫療用褲襪、平底涼鞋、合成纖維材質的連身裙，戴尼龍頭巾。她會在臉上撲點粉（讓自己好看些），但不搽口紅（很快就掉色了）。

她擠滿了電話亭。母親的體型比她這個人還大。她像是童話故事裡的人物，體型大小約略而不固定。隱約出現，逐漸擴大。我直到很久以後才瞭解，她把自己看得多渺小，而那時已經太遲。那個無人認領的嬰兒，沒被帶走的嬰兒，仍在她心中。

但那天，她怒氣沖沖，彷彿高高坐在怒火的肩上。「這是我生平頭一遭得用假名訂書。」

我試著解釋我要達成的目標。我是懷有抱負的書寫者，沒有抱負，就什麼都不是；沒有抱負，就一點意義都沒有。一九八五年還不是回憶錄盛行的年代，何況我當時寫的也不是那樣的東西。我只是努力跳脫既定想法，認為女性總是書寫「過去經驗」，以所知的一切當成羅盤；而男性書寫的題材寬廣大膽，他們展開畫布，實驗各種體例。珍．奧斯汀說自己只描寫四寸象牙大小的事，意指細微入裡的觀察，而亨利．詹姆斯卻對此說有所曲解。許多人也這麼形容艾蜜莉．狄金生和維吉尼亞．吳爾芙❷。那些說法令我生氣。

---

❶ 阿克寧頓，位於曼徹斯特北部，是作者成長的故鄉。（中文版所有註釋均為譯註。）

❷ 亨利．詹姆斯（Henry James, 1843-1916），美國作家，後入籍英國，其小說對歐美上層社會有細緻描寫。艾蜜莉．狄金生（Emily Dickinson, 1830-86），美國女詩人，遺世獨立，詩作包含許多對於生死的隱喻。維吉尼亞．吳爾芙（Virginia Woolf, 1882-1941），英國女作家，為意識流小說及女性主義先驅。

再怎麼說，經驗和實驗為何不可並存？觀察與想像為何無法同在？為何女性會受限於任何人或事？為何女性不該對文學懷有野心，對自己有所抱負？

溫特森太太毫無上述困擾。她認定作家都性愛成癮，而且放蕩成性，他們破壞規矩，不肯出外工作。書本在我們家是違禁品——詳細容我稍後說明。因此，我寫了一本書，出版它，得了獎……還站在電話亭裡，滔滔不絕和她談論文學，爭辯女性主義……

話筒傳來嗶聲——更多銅板投進投幣口——她的聲音如潮水般湧起又退下，我心想：「為什麼妳就不能為我感到驕傲呢？」

話筒傳來嗶聲——更多銅板投進投幣口——我再度被鎖在門外，坐在門階上。天氣真的好冷，我在屁股下墊了張報紙，整個人蜷縮在粗呢大衣裡。

有個女人走了過來，我認識她。她遞給我一包洋芋片，她知道我母親是什麼樣的人。

屋裡的燈亮著。爸爸值夜班，所以她可以上床，但不會睡著。她會整晚讀聖經，爸爸回到家，會讓我進門，他不發一語，而她也悶不吭聲。然後，我們會裝作把小孩整夜留置在屋外是件稀鬆平常的事，永遠不和妳老公同床也再正常不過。有兩副假牙不奇怪，工具櫃裡藏著手槍也行……

我們仍在電話亭裡通著電話。她說我的成功來自於魔鬼，也就是那個錯誤嬰兒床的守護者。她抨擊我竟在小說中使用真正的名字——如果故事純屬虛構，主角的名字佳奈為何也拼成「Jeanette」？

為什麼呢？

記憶中，我無時無刻不在構築屬於自己的故事，好和她的故事抗衡。我從生命初始就得奮力求生。被領養的孩子需要發明自己，因為我們別無他路。我們生命的開始就有空缺，空白，也是個問號。我們的人生有個很重要的部分猛然消失，像是往子宮裡頭丟了一顆炸彈。

爆炸後，那嬰孩掉進一個未知的世界，那個世界僅能透過某種故事才能認識。當然，每個人都是這麼過活，我們的人生故事就是如此，然而，被領養卻是在故事開始之後才把你丟在那兒，如同讀一本開頭缺頁的書。如同舞臺的帷幕升起後才進場。某樣東西不見的感覺永遠如影隨形，絕不會離你而去。這感覺沒辦法消散也不應該消散，因為有些東西就是不見了。

這件事的本質並不是壞事。那個不見的部分、消失的過往，可以是一個開端，而不是空白。它是入口，也是出口。它是化石紀錄，是另一個生命的印記，而你雖然永遠無法擁有那個人生，你的手指仍在追蹤它可能存在的空間。然後，你用手指學會了一種點字法。

這裡有記號，如鞭笞過後的痕跡一般浮起。閱讀它們，閱讀傷痛。重新書寫它們，重新書寫傷痛。

這就是我之所以是個作家的原因。我不說「決定當一個作家」或「成為一個作家」。此非出於意志，甚至算不上是有意識的選擇。為了逃避溫特森太太那個網目狹小的故事，我必須能夠說出自己的故事。人生本是部分真實，部分虛構，而且永遠是個改編故事。我因為書寫而找到出口。

她說：「這與真實情況不同……」

真實？這位女士可是把廚房裡的老鼠行動解釋成靈異物質哩。

有座連棟屋子位於蘭開夏的阿克寧頓。我們把那類房子稱為上二下二：樓上樓下各兩個房間。我們三人在那間屋子同住十六年。我說自己的故事版本，忠實而又加料，精準而又誤記，隨著時間打亂重組。我把自己描寫成船難故事裡面的英雄。這的確是一場船難，我被拋在人類的海岸線，發現它既非全然人性，也並非善類。

當我想到我的改編故事，也就是《柳橙》一書，最難過的地方在於我寫了一個能夠與我共生的版本。另一個故事太痛，我無法在那個故事裡面活下來。

我經常被一種類似勾選表格的方式問道，《柳橙》裡面哪些是真、哪些是假。我曾在葬儀社工作嗎？我開過冰淇淋小貨車嗎？我們是否真有福音帳篷？溫特森太太自己安裝了無線電廣播嗎？她真的用彈弓來嚇貓嗎？

這些問題我無法回答。我只能說，在《柳橙》書中有個角色叫「見證艾西」，她照顧小珍奈，像一面柔軟的牆，抵禦「母親」這角色所帶來（橫衝直撞）的殺傷力。

我把她寫進故事，只因為我無法忍受把她排除在外。我把她寫進來，只因為我但願事實真是如此。如果你是孤單的孩子，也會找個虛構的朋友。

其實沒有艾西這個人。也沒人像艾西一樣對我。情況比我寫的還要寂寞得多。

我在學校的那些年，大部分時候我都趁著休息時間坐在校門外的鐵欄杆上。我不是受人歡迎或討人喜歡的小孩。我太多刺，太憤怒，太強烈，也太怪異。經常上教堂使得我不容易在學校交到朋友，校園裡的情況又總是讓格格不入的地方凸顯出來。我裝體育服的袋子上面繡著「**夏日結束，我們尚未得救**」的字樣，使我格外醒目。

可是，我即使交到了朋友，也絕不讓事情好過。

如果有人喜歡我，我會等她卸下心防，然後宣告我再也不想和她當朋友。我會觀察她的不解與難過，淚水。接著，我會跑掉，由於獲得掌控而得意洋洋。但勝利感和掌控感迅速消散後，我會一直大哭，因為我再次把自己留在外頭，在門外的階梯上，而我根本就不想待在那兒。

被領養就是被排除在外。你會把一個人沒有歸屬的感受表現出來。表現的方法是嘗試把加諸於你的一切拿來對待別人。絕不相信有人可能會愛原本的你。

我從不相信我的父母愛過我。我試著相信他們，但行不通。我花了很長的時間學習如何去愛——包括付出與接受。我執迷地書寫愛，我抽絲剝繭辨析愛的種種，而我現在和當時都瞭解愛是最高的價值。當然，我小時候愛上帝，上帝也愛我。那算是愛。我也愛動物和大自然以及詩。問題在於人。你如何去愛另外一個人？你如何相信另外一個人也愛你？

我一點也不懂。

我以為愛就是失去。

為何愛得要失去了才能測量？

這句話是我另一本小說的開頭——《書寫在身體上》（一九九二）。我獵取愛，圍困愛，失去愛，渴望愛……

真實（truth）對任何人來說都是極為複雜的事。對書寫者而言，你沒寫的事與你寫進書裡的事，兩者聲量相當。文本的邊緣之外還有什麼？攝影者用鏡頭框起照片；寫作者則框起他們的世界。

溫特森太太反對我放進這些事，但在我看來，那些我刻意不寫的其實正是這個故事沉默的孿生子。有太多事情我們沒辦法說，因為它們太過痛苦。我們希望說出來的事能夠緩和剩下沒說的，或者以某種方式將之平復。故事帶有補償性。這世界沒有公平正義，無法參透，也不受控制。

說故事是在施行掌控，但掌控是要留下一道鴻溝、一個開口。這是某個故事版本，絕不是最終版本。也許，我們期盼這分沉默會被某人聽見，故事得以繼續，得以被重新訴說。

我們寫作時呈現出的沉默與故事本身一樣重。文字是沉默之中能被說出來的那個部分。

溫特森太太會寧願我保持沉默。

你可記得希臘神話裡面菲洛梅爾的故事？她被強暴，但舌頭被施暴者割掉，使她永遠不能說話。

我相信虛構小說和故事的力量，因為如此一來，我們便算開口說了話，而非噤聲不語。每個人陷入深深的創傷時都會發現自己遲疑又結巴。我們的語言中出現長長的停頓，想說的事情卡住。我們從別人的語言中找回自己的語言。我們可以求助於詩，可以打開書本。有人已在那裡等著，深深沉潛於文字之中。

我需要文字，因為不快樂的家庭總是與沉默同謀。打破沉默的那個人永遠不被原諒。他或她得學著原諒自己。

上帝即寬恕。某故事如此說道，但是，我們家的上帝是舊約聖經的那一位，寬恕總得經過重大犧牲才能獲得。溫特森太太並不快樂，所以我們得與她共苦。她在等待天啟。

她最喜愛的歌曲是〈主塗抹了你的過犯〉，過犯應指罪惡，但實際上是指任何曾讓她厭煩的人：也就是每一個人。她就是誰也不喜歡，也不喜歡生活。人生是個包袱，背負直到入土才能丟棄；人生是淚之谷❸，是死前的體驗。

溫特森太太每天都在祈禱：「主啊，請讓我死去吧。」這使我和父親都備感沉重。

她自己的母親是個有教養的女人，嫁了一個很有魅力的風流胚子，把錢都給了他，然後看著他玩女人把錢花光。有一陣子，在我大約三到五歲之間，我們得和外公同住，好讓溫特森太太照顧她那位罹患喉癌而大限將至的母親。

雖然溫特森太太是虔誠的教徒，卻相信鬼魂，因此外公所交的女友令她十分不滿，因為那個上年紀又染金髮的酒吧女侍也是個靈媒，還在我們屋裡的房間舉行降神會。

降神會結束後，我母親抱怨屋子裡到處是戰爭時期穿軍服的男人。當我進廚房拿醃牛肉三明治，她卻要我等到亡靈離開後才准吃。這一等就是好幾個小時，對一個四歲小孩來說還真難捱。

我開始上街遊蕩索討東西吃。溫特森太太跟在我後頭，那是我第一次聽到關於魔鬼和嬰兒床的黑暗故事……

我隔壁的嬰兒床裡躺著一個叫保羅的小男嬰。他是我的幽靈兄弟。因為每當我不聽話，母親便會召喚出保羅足以封聖的特質。保羅絕不會把他的新玩偶丟進池子（到底保羅能否拿到玩偶，這個超現實的可能性打從一開始就不在討論之中）。保羅絕不會在他的捲毛狗睡衣套裡裝滿番茄，玩什麼開腸剖肚的手術遊戲，擠出血一般的汁液。保羅絕不會藏起外公的防毒面具（外公因為某種原因還留著戰時的防毒面具，我超愛的）。保羅才不會沒接到邀請就跑到別人美好的生日聚會，還戴著外公的防毒面具。

如果他們當初帶回家的是保羅而不是我，事情就會不同，一定會更好。我本該來與她作伴……就像她對自己的母親那樣。

母親過世後她就把自己封閉在悲痛之中。我則把自己封閉在食物儲藏室裡，因為我已學會使用小鑰匙打開牛肉罐頭。

---

❸ 基督教以「淚之谷」形容生命充滿苦難，只有離開俗世進入天堂時才能解脫。

我有記憶，然而是真是假？

記憶週遭環繞玫瑰，這很怪，因為我的回憶其實狂暴而令人傷心。但外公熱中園藝，特別鍾愛玫瑰。我總愛看他捲起衣袖，穿著針織背心，用一只有噴嘴的光亮銅質水罐為盛開的花朵噴水。他用一種古怪的方式喜歡著我，卻討厭我母親，我母親則痛恨他。不是氣他，而是一種帶有毒性而屈從的不滿。

我穿著我最喜歡的一套衣服，牛仔外套和一頂流蘇帽，小小的身體兩側掛著玩具槍。有個女人走進花園，外公要我到屋裡找母親，她像平時一樣正在做一堆三明治。

我跑進門，溫特森太太脫下圍裙應門去。

我從門廊遠處窺視。兩個女人在吵架，內容我聽不懂，可是吵得驚天動地，像是出於動物本能的恐懼。溫特森太太用力把門甩上，倚門稍歇。我從偷窺處爬出來。她轉過身。我站在那兒，身穿牛仔裝。

「那是不是我媽媽？」

溫特森太太一拳打得我直往後退，然後跑上樓去。

我往外走到花園。外公正在給玫瑰花噴水。他沒理我。那裡空無一人。

2 出生的好地方

我一九五九年在曼徹斯特出生。那是個誕生的好地方。

曼徹斯特位在北英格蘭的南部。

它的內在精神帶有對比，是南與北的結合，不受拘束，也不具都會感。同時它又四通八達，務實入世。

曼徹斯特是全世界第一個工業城市。它的織布機和工廠改變了自身，也改變了英國的命運。曼徹斯特有運河通往利物浦大港，還有鐵路，將思想者和行動者往返載送到倫敦。它的影響遍及全球。

曼徹斯特是個徹底的混合體。它思想基進，馬克思和恩格斯都曾到此。它壓迫異議，譬如「彼得盧屠殺事件❹」及穀物法。曼徹斯特所滾動、湧出的財富超出任何人想像，它又把絕望與墮落織進人性。它很功利，每樣東西都得經過「是否有用」的標準檢視。它也有烏托邦式的理想：貴格教派、女性主義、廢奴運動，還有社會主義及共產主義。

曼徹斯特創造財富的煉金術和它的地理位置密不可分，所在位置造就了它的樣貌。早在公元七十九年羅馬人就在這裡有座堡壘，而居爾特人崇拜麥諾克河女神。此地舊名為「Manchester」（發音接近芒—切斯特）——「芒」的意思是母親，是乳房、生命力……能量❺。

曼徹斯特的南邊接上柴郡平原。柴郡（Cheshire）是不列顛群島最早有住民定居的地方之一。這裡有村落，有奇怪的通路順著廣闊深邃的默西河，直通後來成為利物浦的城鎮。

曼徹斯特往北及往東是佩奈恩山脈❻，低矮起伏的荒野山區，穿過北英格蘭，早期當地僅有零星居民，人煙稀少，不分男女都過著遺世獨立且經常變動的生活。柴郡平原

---

❹彼得盧屠殺事件：一八一九年發生於曼徹斯特。由於一八一五年實施穀物法，加劇失業與饑荒問題，民眾因而聚集抗議，要求議會改革，但遭到鎮壓，造成十五人死、數百人傷。

❺麥諾克河（Medlock）位在曼徹斯特以東。曼徹斯特之名Manchester，由字根「Mam」及拉丁語地名「Ceaster」組成：「Mam」在威爾斯語意指母親，在愛爾蘭蓋爾語中則指乳房。

❻佩奈恩山脈（Pennines），位於英格蘭西北部，素有「英格蘭背脊」之稱。

地勢平緩，文明宜居，而蔓草叢生的蘭開夏佩奈恩山脈則是沉思與逃離之地。

在邊界更移之前，曼徹斯特曾跨越蘭開夏郡及柴郡，成為一座根植於無窮活力及充滿對比的雙面城市。

十九世紀初的紡織熱潮將曼徹斯特周圍村鎮及衛星聚落吸入一部巨大的印鈔機。直到第一次世界大戰前，世界上百分之六十五的棉花皆在曼徹斯特加工。它又名棉都。

想像這番情景——一間間使用蒸氣動力、煤氣燈照明的大型工廠，一棟棟廉價公寓緊挨著錯落其中。髒汙、濃煙、染料、阿摩尼亞的刺鼻臭味、硫磺和煤。金錢、日以繼夜的活動，還有織布機、火車、電車、石子路上的貨車及人們熙攘生活交織成震耳欲聾的噪音，這是冥界[7]般的人間煉獄，成功運用了勞力與決心。

來到曼徹斯特的訪客，無不對它既仰慕又驚駭。狄更斯的小說《艱難時世》（*Hard Times*）即以這個城市為本寫成。此地曾經歷最好的時代和最壞的時代，這裡有機器能達成的一切，也有人們所付出的慘痛代價。

不分男女皆衣裝破爛，精疲力盡，酒醉多病，一週六天輪班十二小時，耳朵變聾，肺部阻塞，不見天日。他們讓自己的孩子在隆隆運轉的織布機下鑽爬，撿拾打掃織品的絨毛，因此缺手斷臂或沒腿，這些幼小孱弱的孩子沒受過什麼教育，往往也沒人疼愛，女人則和男人一樣努力幹活，同樣肩負養家之責。

一群女人和孩童衣衫襤褸，就和垃圾堆和水窪——沒有水溝或人行道——所繁殖的豬隻一樣髒，四面八方都是積水，十幾根工廠煙囪排出黑煙……汙穢惡臭無比。

摘自恩格斯《英國工人階級狀況》（一八四四）

在曼徹斯特，沒有任何事能逃過別人的目光，嶄新而不羈的現實裡充斥著成功事蹟和丟臉案例；曼徹斯特的生猛原始把這城市投向某種基進主義。長期看來，這比棉花貿易更為重要。

曼徹斯特很有行動力。當地的潘克斯特（Pankherst）家族受夠了嘴上說說而無法投票，因此在一九〇三年與婦女社會政治聯盟並肩作戰❽。

❼此處原文為Niebelheim，意為北歐神話中的「海姆冥界」，即死亡之國度。

❽艾米琳．潘克斯特（Emmeline Pankhurst, 1858-1928）出生於曼徹斯特，她是婦女社會政治聯盟的奠基者之一，領導政治運動爭取女性投票權，其夫與其女亦是女權主義的支持者。

勞工聯合大會首屆會議於一八六八年在曼徹斯特舉行，目的是改變，而非談論改變[9]。

再早二十年，卡爾．馬克思在一八四八年出版《共產黨宣言》[10]。該書多為他在曼徹斯特期間與朋友弗里德里希．恩格斯共同寫成。在這座令人無暇思考、完全被工作狂熱占據的城市中，他們兩人從理論派變為行動者。馬克思要把那種變態而停不下來的勞動精力變為有益的力量……

恩格斯在曼徹斯特是為他父親的事業工作。這期間，他體會到工人階級生活的殘酷現實。《英國工人階級狀況》直到今天仍值得一讀，它記錄工業革命對市井生活的影響，讀來既可怕又令人感傷，明白說出當人們「只把彼此視為有用之物」會發生什麼事。

無論那些全球化權威怎麼說，你的出生地就標記了你是誰——諸如誕生在何種環境、地點、當地歷史，以及那個歷史如何與你個人的歷史結合。我的生母是工廠的機械作業員，養父曾是修路工人，然後在發電廠輪班鏟煤。他連續工作十小時，可以的話更加班，為了省下公車錢騎腳踏車來回各六英里，他的錢永遠只夠一星期買兩次肉，每年到海邊度假一週已是他最富異國情調的經驗。

他並不比我們認識的人富有或窮。我們是工人階級，是工廠門前的群眾。

我不想加入那些勞碌擁擠的工人階級群眾。我想要工作，但不是像父親那樣。我不想要消失，我不想一輩子待在同一個地方，從生到死只去過海邊一星期。我一心想逃離，工業化的可怕之處在於它讓逃離變成必要。在一個製造大量群眾的系統中，個人主義是唯一出口。但接下來，社群鄰里和社會怎麼辦？

當時的首相瑪格麗特．柴契爾沿襲好友隆納．雷根的精神，頌讚八〇年代這「唯我的十年」。她說：「社會這種東西不存在⓫……」

但我年輕時，對那種說法毫不在乎，也不瞭解。

---

❾ 英國勞工聯合大會成立於一八六八年，每年召集獨立工會舉行會議，後來成立工黨。

❿《共產黨宣言》（*The Communist Menisfesto*）由馬克思及恩格斯共同寫成，於一八四八年在倫敦發表，為共產主義者同盟黨綱及共產主義運動之濫觴。

⓫ 瑪格麗特．柴契爾（Margarate Thatcher, 1925-2013）於一九七九至九〇年間擔任英國首相，推動國營事業私有化及削弱工會力量等財經政策。她與時任美國總統的雷根（Ronald Reagan, 1911-2004）為政治盟友。八〇年代，個人主義盛行，人們對社會問題的關心遠不如對於個人的關注，遂被美國小說家沃爾夫（Tom Wolfe）稱為「唯我的十年」（Me decade）。

我只想離開。

他們告訴我，我生母是一個來自蘭開夏織布工廠的紅髮小丫頭，她十七歲生下我，就像貓隻繁衍一樣簡單。

她來自一個名叫布萊克利的小村落，維多利亞女王的婚紗就是在那兒縫製的。不過，到了我母親和我出生之時，布萊克利已經不是小村莊。工業革命下的典型故事，迫使鄉村轉變成都市。其中有絕望、有歡喜，也有殘酷與詩歌，這些都變成我的一部分。

我出生時織布機已不復見，但連綿低矮的連棟房屋還在，有些是石造，有些以磚砌，屋頂以石板瓦鋪成斜緩角度。石板瓦能讓你的傾斜角度淺達三十三度，如果用石瓦，得要有四十五度，甚至五十四度。一個地方的外觀如何，端看手邊有什麼材料。石瓦做成的屋頂較陡，當水流下來、遇到石頭的突起及凹陷處，就會緩緩流動。石板則快速平坦，如果石板屋頂過陡，水流會像瀑布一般漫過簷槽、傾洩而下。傾斜的角度能夠減緩水流速度。

北部的典型工業屋頂景觀，看起來灰黯單調又不討喜，不過效用可是直截了當。那些房子如同工業，是蓋來支撐用的。你如常生活、辛勤工作，對美觀或夢想興趣缺缺。屋子不是蓋來好看的。地上鋪厚石板，房間窄得可憐，後院暗沉一片。

如果你爬上屋頂，目光所及，只見層層短胖的共用煙囪，將煤煙吐向掩蓋天空的陰霾之中。

然而……

蘭開夏的佩奈恩山脈是夢想之地。山勢低緩，山腰渾厚，巨大而堅硬，山脊總是清晰可見。他就像個粗壯的守望者，雖無法護衛他深愛之物，卻留下來彎身籠罩人世間的醜惡。他傷痕累累，依然堅定不移。

如果你沿著六十二號公路開車，從曼徹斯特駛向我的生長之地阿克寧頓，你會看到佩奈恩山脈，震懾於突然出現卻又如此沉靜的山巒。這番景致無需言語，安靜卻又頑強。它的美絕不簡單。

但確實很美。

我在六週到六個月大之間的某一刻，從曼徹斯特被帶往阿克寧頓。至此，對我和那個以我為孩子的女人，一切都結束了。

她不在了。我也不在了。

我被領養了。

一九六〇年一月二十一日，那天工人約翰．威廉．溫特森與記帳員康絲坦．溫特森得到了他們以為是自己想要的那個孩子，把它帶回位於蘭開夏郡阿克寧頓市瓦特街兩百號的家中。

他們在一九四七年花了兩百英鎊買下那幢房子。

一九四七年，英國二十世紀最冷的冬季，他們把直立式鋼琴推進門時，積雪已到達鋼琴頂端。

一九四七年，大戰已結束，我爸爸退伍，盡他所能掙錢過日子，而他的妻子把婚戒丟進水溝，拒絕一切性關係。

我不懂，也永遠不會明白，她究竟是沒辦法生小孩，或只是不想完成那些應盡的義務。

但我知道，他們兩人直到信奉主耶穌之前都會喝點小酒，抽一點菸。我想母親當時並不憂鬱。直到他們參加帳篷布道運動⓬，成為五旬福音教會的基督徒後，兩人都戒了酒，只在新年喝點櫻桃白蘭地。父親把忍冬牌香菸換成了寶路牌薄荷糖，母親繼續抽菸，她說抽菸有助於控制體重，但不能讓人知道她抽。而且她在手提袋裡放了一罐空氣清淨噴霧，卻宣稱那是殺蟲劑。

手提袋裡放殺蟲劑，好像沒有人覺得詭異。

她深信上帝會為她找個孩子，而我想如果上帝能賜下孩子，做愛這件事就可從待辦清單上劃掉。我不知道爸爸對這件事有何感受。溫特森太太老是說：「他和別的男人不一樣……」

他每週五把薪水袋交給她，她會從袋裡抽出夠他買三包寶路牌薄荷糖的零錢。

她說：「那是他唯一的樂趣。」

可憐的老爸。

⓬ 一種基督徒的聚會形式，教徒在大帳篷中聆聽布道、祈禱或進行疾病療癒等儀式。

他七十二歲再婚，小他十歲並且喜歡找樂子的妻子莉莉安曾對我說，她有如和一支燒得燙紅的火鉗上床。

我到了兩歲大時開始懂得放聲尖叫。以常人的眼光看來，這說明我被魔鬼附身。當時兒童心理學在阿克寧頓並不普及，儘管已有溫尼科特、鮑爾比和貝林特幾位心理學者[13]的重要著作問世，討論依附關係，討論小孩與母親分離，也就是與愛的客體過早分離帶來的創傷，但一個尖叫的嬰孩仍不被視為心碎，她是被邪靈附身的孩子。

那賦予我一種奇特的力量以及所有弱點。我想，我的新父母應該怕我。嬰兒的確可怕。粗野的暴君，他們的身體是自己唯一的領土。我的新媽媽對身體有很多問題。她自己的身體、我父親的身體、他們碰觸在一起的身體，還有我的身體。她把自己的身體包在肥肉和衣服裡，用尼古丁加上耶穌而成的可怕混合物來壓抑肉體欲望，服用瀉藥讓自己嘔吐，把身體交給掌管灌腸和骨盆環的醫生，抑制肉體對於日常碰觸及撫慰的渴望。然後，突如其來，不是出於自己的身體，也毫無準備，她有了一個完全屬於身體的東西。

一個打嗝、吐奶、爬行又拉屎撒尿的東西以原始的生命轟炸這間屋子。

我來到這裡時她三十七歲，爸爸四十歲。以現在眼光看來十分正常，但在一九六〇年代可不是，人們二十出頭就結婚，展開家庭生活。她和爸爸那時已結婚十五年了。

他們的婚姻是很傳統的那種。父親從來不下廚，母親自從我到來以後不曾出外工作。這對她不利，使她內向的本性變為自我封閉式的憂鬱。我們因很多事情起過許多爭執，但我們之間的戰爭其實是快樂與不快樂的戰爭。

我時常滿腔憤怒絕望。我當時和現在都熱愛生活，卻總是感到寂寞。我難過的時候就漫步到佩奈恩山區，靠著一塊果醬三明治跟一瓶牛奶待上一天。當我被鎖在門外，或被鎖進她的另一個最愛——煤孔[14]，我就編故事，好忘卻冰冷黑暗。我瞭解這是生存之道，但也許更是抗拒，任何一點點不讓自己破碎崩垮的抵抗，都能讓足夠的光線和空氣

[13] 溫尼科特（Winnocott）、鮑爾比（Bowlby）和貝林特（Balint）均為心理分析學家，探討母嬰情感依附關係及主客體建構。

[14] 煤孔（coal-hole）是一種地下煤倉，廣泛使用於十九世紀至二十世紀中葉。在人行道地面設置孔蓋，經由孔蓋，可將煤投送到屋內。

透進來，使我還能對世界保持信念，留存逃離的夢想。

我最近找到一些自己寫的筆記，文字是青春期慣有的呢喃強說愁，但我發現有句話後來曾下意識使用在《柳橙》書中：「我想要的一切是確實存在的，只要我勇於追尋……」是的，它是一齣年輕人的通俗劇，但那種態度似乎發揮了保護作用。

我最喜歡故事裡講到埋藏的寶物、不見的小孩，還有被關起來的公主。尋獲寶藏、小孩返家、公主重獲自由，都使我懷抱希望。

聖經也告訴我，即使我在世上無人疼愛，天上的主依然會把我當成唯一重要的人一樣愛我。

我如此深信。這幫助了我。

我的母親溫特森太太不愛生活。她不相信有任何東西能讓生活變得美好。她有一次對我說，宇宙是個無限大的垃圾桶。我想了一會兒才問她垃圾桶蓋是開著還是關著。

「關著。」她說：「沒人逃得了。」

唯一的逃脫機會在於聖經〈啟示錄〉所描述的末日大戰。在那場最後戰役中，天地都將如捲軸一般高高捲起，只有得救者才能與耶穌同在永恆之中。

她還保留著備戰櫥櫃。她每週放進一個罐頭，有些從一九四七年起就存放在裡面——我想，最後戰役開打的時候我們都得和鞋油一塊兒待在樓梯下，吃那些罐頭過活。我已經可以搞定鹹牛肉罐頭，所以沒什麼好緊張。我們會把存糧吃光，然後等待耶穌。

我在想耶穌會不會親自來拯救我們，但溫特森太太可不。「祂會派遣天使。」

原來如此——樓梯下的天使。

我納悶祂的翅膀能否塞進來，但溫特森太太說，天使並不會真的和我們一起待在樓梯下，只會開門告訴我們可以出來了。我們的天家已準備就緒。

那些有關天啟之後未來世界的詳細描述占滿她的心思。有時她似乎挺高興的，還彈鋼琴，但憂愁總在不遠處，也總有其他念頭如烏雲般遮蔽她的心，使她的彈奏戛然而止，闔上琴蓋，到後巷晾著衣服的晒衣繩下來回走動，彷彿弄丟了什麼東西。

她的確是把東西弄丟了。很重要的東西。她已經/也正在丟失生命。

有關曾經失去與正在失去，我們算是相配。我失去了最初所愛之人，那是一個溫暖而安全之地，不論它多混亂。我失去名字與身分，被領養的孩子受到驅逐。而我母親覺得整個人生就是一場大型驅逐。我們都想回天家去。

我仍對天啟之說感到興奮，因為溫特森太太使它成為一件值得歡喜的事，但我私下仍希望在我長大並且對生命多一些探索之前，能夠繼續活著。

被關進煤孔的唯一好處是讓人反省。

這句子本身讀來荒謬。不過，當我去嘗試並且瞭解到生命如何運作，瞭解為何有些人比其他人更懂得面對逆境，就會再度對生活抱持正面想法，那就是：無論多麼匱乏，都要對生命有愛；無論愛要如何尋找，都要愛自己。不是用只關注自己的方式來愛。若只關心自己，便與生命和愛相反。而是像鮭魚一樣，不管河流多麼湍急，都要堅定地往上游而去，因為這就是你的水流……

這把我帶回快樂（happiness）這主題。這裡快速談一談happiness這個詞。

如今我們所謂的快樂，主要意思是指愉悅滿足的感受。陶醉舒暢，興致高昂，那種一切美好、事情對了、輕鬆而活力十足、放鬆仰肚朝天的感覺……你知道的……

但它早先的意義來自「運氣」（hap），中古英文稱作「好運」（happ），古英文意指「適合」（gehapp），亦即降臨在你身上的運氣或命運，不論是好是壞。運氣是你命中的籤，是你手上拿到的牌。

你如何與你的「運氣」相遇，將決定你「快樂」與否。美國人在他們憲法之中所說的「追求快樂的權利」（請注意，不是「擁有快樂的權利」），是指所有的鮭魚都有權利逆流而上。

追求快樂，一如我過去及現在都在做的，與感到快樂完全是兩回事。我認為快樂稍縱即逝，依狀況而定，而且需要耐心。

如果天氣晴朗，站在陽光下，對，沒錯，太棒了。歡樂時光很美妙，但總會過去。事情必定如此。因為時間就是會流逝。

追求快樂比追逐陽光更加難以捉摸。這是一輩子的功夫，並非以目標為中心。因為你追求的是意義，有意義的人生。其中有運氣、命運，也就是屬於你的那支籤，但它並非固定不變的，而是會改變水流方向，或是會重新發牌——不管你想用什麼比喻這都需要花費許多精力。有時候，情況就是不對勁，簡直使你活不下去，但有時候你會發現，按照自己的意思過活而勉力撐著，勝過聽從別人的意見，卻過著半死不活的人生。

追求快樂不是全有或全無，它既有一切，又一無所有。一如所有關於追尋的描述。

我出生於世，是捲起的地圖得以窺見的一角。

地圖上，路線不只一條，目的地不只一個。地圖是自我的開展，卻非明確通往任何地方。那個寫著「**現在位置**」的箭頭是你的第一個座標。你還小的時候許多事情無法改變，但你可以打點行囊、準備上路……

3 最初的字

母親用〈申命記〉教我識字，因為裡面有一大堆動物（多半都不潔淨）。每一次我們讀到「你們不可吃不反芻或腳蹄不分瓣的動物」，她就會把提到的動物都畫出來。馬啦，小白兔啦，小鴨子啦，都像是童話事物，只給我模糊的印象。可是有關塘鵝啦，岩獾啦，樹獺啦，蝙蝠啦，我都知道得一清二楚。……母親畫有翅膀的昆蟲、空中的鳥，可是我最喜歡的，是海底的軟體動物，我收藏有在黑池海邊撿拾的貝殼，滿好看的。她有支藍筆，用來畫波浪。褐色的墨水用來畫介殼蟹。龍蝦用紅色原子筆畫……申命記有其缺憾，裡面有太多可憎的和不宜提起的東西。每回我們讀到了有誰是私生子，或有誰的睪丸碎了，母親便跳過那一頁說，「這就留給主吧。」可是等她一走開，我就偷看。我真高興我沒有睪丸。睪丸聽起來像是腸子，只不過長在外頭，聖經裡的男人老是睪丸被割掉，沒法上教會。好恐怖啊！

摘自《柳橙不是唯一的水果》⓯

我母親掌管語言，我父親始終不諳閱讀。他可以用手指指著一行文字慢慢念，但他十二歲就輟學，到利物浦港區碼頭工作。而他十二歲以前沒有人提得起勁兒讀點東西給他聽。他父親是酒鬼，常常帶小兒子一起上酒吧，把他丟在外頭，好幾個小時後才步履蹣跚走出來，直接忘了我爸爸，自顧自走回家去，在家門口倒頭大睡。

老爸喜歡溫特森太太大聲朗讀，我也挺喜歡的。她總是站著讀，而我倆坐著，那真是親密而令人難忘。

她每晚都花半小時朗讀聖經，從經書起頭接著讀遍六十六卷舊約及新約聖經。當她念到最喜愛的部分，包括〈啟示錄〉和天啟，所有人被炸死，惡魔墜入無底深淵，就會停止讀經一整個禮拜，好讓我們有時間細細思索。接著，她會從〈創世紀〉第一章重新

⓯ 本段譯文取自《柳橙不是唯一的水果》中文繁體版譯本，韓良憶譯。

開始。起初，神創造天地……

對我而言，打造一整個地球、一整個宇宙，再把它炸毀，似乎有點大費周章。不過，那正是刻板的基督宗教說法產生的問題之一。若你明知世界終將支離破碎，又何必費力看顧它？

母親是很好的朗讀者，充滿自信又有戲劇張力。她閱讀的方式彷彿聖經才剛剛被寫成。或許對她而言的確如此。我很早就瞭解文字的力量不受時間限制，文字的影響力一直在持續。

從前北英格蘭的工人家庭經常在教堂及家中聆聽一六一一年欽定版聖經，而我們的日常語言仍使用「爾、汝、乃」等字，因此經書的語言不算太難。我特別喜歡那個「活人死人」的說法⑯：如果你住在有老鼠和捕鼠器的房子裡，就會真實感受到生死有別。

一九六〇年代很多男性（而非女性）會去工人會館或技工會館⑰進修夜間課程。夜間課程是另一項源自曼徹斯特的先進創舉。彼時並不把「自我成長」的想法視為菁英主義，而這想法也不會認定所有價值都可相互比較，或預設所有文化多少雷同。不管是漢默恐怖片⑱，還是莎士比亞。

那些晚間課程經常講述莎士比亞。上課的男性沒有人埋怨書中使用的語言太難。怎麼會呢？它是不難，它使用一六一一年版聖經的語言。莎士比亞的《暴風雨》首次公演那年，就是欽定版聖經問世的那年，那一年他還寫下《冬天的故事》。

那種語言的延續性很有助益，卻被立意良善、受過良好教育的模範生給破壞了。他們並未想過，現代聖經把語言抽離之後對於廣大文化會造成什麼後果。後果就是：沒受過教育的男女，也就是像我父親這樣的男性，以及像我一樣就讀普通學校的學生，無法繼續在日常生活中，與累積四百年的英國語文保持唾手可得的連繫。

我認識許多與父母同輩的長者會引述莎士比亞或聖經的內容，有時也引用約翰・鄧恩[19]等形上詩人的句子，渾然不知文句來源。或者誤用，或者張冠李戴。

我母親生來相信天啟。不管是迎接災厄或好運，她都愛用這句名言：「別問喪鐘為誰

⓰ 出自聖經〈彼得前書〉第四章第五節：「他們必在那將要審判活人死人（the quick and the dead）的主面前交賬」。

⓱ 實業家為工人設立的教育機構，部分附設圖書館，提供工人進修或研讀各類課程。

⓲ 五〇與六〇年代，英國的漢默（Hammer）製片公司出品許多膾炙人口的經典恐怖片，其中包括吸血鬼及殭屍等題材。

⓳ 十六至十七世紀英國盛行的詩文體，好以隱喻及機智入詩。約翰・鄧恩（John Donne, 1572-1631）為著名的形上詩人。

敲……」搭配一種陰森的口吻幽幽道來。福音教會沒有鐘，所以我從來不懂那句話的意思，甚至不知道它與死亡有關。直到我上了牛津大學，才發現那句話是誤用約翰・鄧恩一篇散文的段落，開頭是「無人是座孤島」，結尾是「別去探知喪鐘為誰而敲……[20]」

有一次，父親上班贏了抽獎，他得意洋洋回到家。母親問他獎品是什麼。

「五十鎊，還有兩盒車輪餅乾。」（車輪餅乾是種又大又可怕的巧克力調味餅，包裝上畫有推車和牛仔。）

母親沒答腔。所以父親繼續說：「太好了，康妮，你開心嗎？」

她說了：「別問喪鐘為誰敲……」

所以我們沒敢再問下去。

她還有其他愛用名言。我們的瓦斯烤箱炸開，修理工人來，他說烤箱看來不妙，的確不妙，因為烤箱和牆壁都熏黑了。溫特森太太卻答道：「這是冒犯上天、冒犯亡者、冒犯自然。」對瓦斯烤箱而言，還真是沉重的負擔。

她很喜歡那句話，也不只一次拿來說我。當幾位善心人士問到我最近如何，溫太太就會眼神低垂，唉聲嘆氣。「她真是冒犯上天、冒犯亡者、冒犯自然。」

那句話套在我身上簡直比拿來形容烤箱還糟糕。我尤其擔心有關「亡者」的那部分，不禁納悶自己到底是觸怒了哪一位入土且不幸的親人。

後來我在《哈姆雷特》裡面找到了那幾句話。

她和其他人認為，稀鬆平常的話語用作負面比較的時候，就像把螃蟹比喻成蘋果一樣唐突。

《李爾王》的弄臣就是如此。不過這帶有北方口吻，而我想有一部分原因在於工人階級的傳統是一種口述傳承，並非書本式的沿襲，而他們語言裡的豐富性來自於從學校吸收了某些經典作品，以死記硬背的方式學習，也來自於用有創意的方式講述的精采故事。回想過去，我發現我們的字彙量其實不少，而且我們喜愛畫面。

直到八〇年代，視覺文化、電視文化及大眾文化的影響仍尚未擴及北部。那裡依然有強烈的地方文化，方言也仍具影響力。我一九七九年離家，當時和一九五九年沒有多大差異。而我們一九九〇年回那兒為英國廣播公司拍攝《柳橙》時，當地已截然不同。

---

⑳出自約翰・鄧恩《突發情形的禱告》（*Devotions Upon Emergency Occassions*）之〈第十七篇冥思〉（Meditation XVII）。開頭這句原文為 No man is an island entire of itselt，結尾則是 Ask not for whom the bell tolls。

對我認識的人而言，書籍罕見，故事卻隨手可得，端看你想怎麼講。就算是公車上的交談也得帶有故事性。

「他們沒錢，所以到莫克姆[21]度蜜月。」

「真可惜，在莫克姆游完泳就沒啥事可做了。」

「我真為他倆感到遺憾。」

「就是啊，不過呢，也只是一個禮拜的蜜月嘛！我認識一個女的，婚後一輩子都待在莫克姆。」

別問喪鐘為誰敲……

我母親也講故事。講他們戰時的生活，講她在防空洞裡彈手風琴把老鼠趕出去。老鼠顯然很喜歡小提琴和鋼琴，可是無法忍受手風琴……

她還講縫製降落傘的那段日子，每個女孩都會偷偷拿點絲綢做衣裳……講她未來會擁有一幢大房子，而且附近沒半個鄰居。她只想要所有人都走開。而當我真這麼做的時候，她卻一直不肯原諒。

她喜愛奇蹟故事，大概是因為她的生活與奇蹟相距甚遠，就像從地球到木星那樣遠。她相信奇蹟，即使奇蹟從未在她身上發生——好吧，也許曾經有過，但我就是那奇蹟，她卻不明白奇蹟的到來往往經過一番偽裝。

我是個奇蹟，因為我本可將她帶離她的人生，投入她所熱愛的生活。這件事從未發生，但不表示未曾有過機會發生。對我而言，那一直是個殘忍的教訓，要你不可忽略或誤解此時此刻手中確實擁有的東西。我們總以為自己需要一個可以改變一切的事物，一個奇蹟，而那東西應該在別處，然而往往近在身旁。有時候，那往往是我們自己。

她最喜愛聖經裡面如五餅二魚的神蹟故事，大概因為我們從來沒有足夠的東西可吃，她還鍾愛出自〈耶穌在人間〉頭一句的故事。

㉑ 莫克姆（Morecambe）位於英格蘭西北部的一座沿海城市。

我特愛〈哈利路亞巨人〉的故事——他身高八尺，虔誠的信徒禱告使他縮成六尺三寸。此外故事說到不知從哪兒冒出的好幾袋煤炭，或者是在你最急需用錢時皮包裡面多找到一英鎊。

她不喜歡有關死而復生的故事。她總說，如果她死了，我們可別祈禱要她復活。

她把自己的喪葬費縫在窗簾布裡，直到被我偷走。當我把窗簾布的縫邊拆開，出現一張手寫字條——她對自己的手寫字體十分自豪。上頭寫著：「傑克和珍奈，別哭，你們知道我身在何處。」

我哭了。為何愛得要失去了才能測量呢？

4 書的麻煩

我們家裡就那麼六本書。

一本聖經，兩本聖經評論。母親生性喜好寫些聖經小冊，她知道印刷品能煽動造反爭端。我們家可不是世俗家庭，所以母親決定不讓我受世俗影響。

我問母親，為何我們不能擁有書本，她說；「書麻煩的地方在於你永遠不知道裡頭寫些什麼，知道的時候已經太遲。」

我自問：「為什麼太遲？」

我開始偷偷看書，沒別的辦法。我每一次翻開書頁都在想，這一次會不會太遲？這會不會是改變我的最後定稿？就像愛麗絲的飲料瓶、《化身博士》的驚人藥水，或是封印崔絲坦及伊索德二人命運的神祕汁液㉒。

在神話、傳奇、童話，以及借用那些基本元素的所有故事裡面，尺寸和形狀都是約略的，而且容易改變。包括了心的尺寸和形狀，心中所愛可能突然令人生厭，憎惡之人也可能變成愛人。看看莎士比亞的《仲夏夜之夢》，當帕克的眼藥水讓拉山德從風流的投機人士變成忠實的好丈夫時發生了什麼事。莎士比亞使用有魔力的藥劑，並非要改造欲望的客體，女性依然保有自己，而是迫使男人用不同的方式看待女人㉓。

同一齣劇中，提泰妮婭短暫愛上一個變成驢頭的呆子，這是以戲謔方式使用變身藥劑，卻是對現實的質疑：我們看到的，會不會是我們以為自己看到的？我們是否如自己相信的那樣去愛？

㉒十九世紀英國小說《化身博士》（*Strange Case of Dr. Jekll and Mr. Hyde*）描述溫文儒雅的主角飲下藥劑，變成邪惡化身。崔斯坦（Tristan）是英國中古時期亞瑟王傳奇故事的人物之一，他護送美麗的公主伊索德（Isolde）成婚，兩人因誤飲愛情靈藥而陷入愛戀。

㉓《仲夏夜之夢》裡的精靈帕克，趁著拉山德、提泰妮婭等人打盹，將三色堇汁液滴在他們眼皮上，讓他們在睜開眼之後愛上所見到的第一個人。

長大並不簡單。奇怪的是，即使我們的身體停止生長，心性的成長似乎還在持續，其中包括了擴張與退縮，我們的某些部分發展之時，其他部分必須隨之消失……僵硬死板是永遠行不通的，我們的尺寸終將變成無法與自己的世界相容。

我的憤怒曾經巨大到可以裝下任何一間房子。我也曾感到絕望至極，得和拇指仙童[24]一樣躲到椅子下，免得被人踩踏。

你可記得辛巴達捉弄精靈的故事？辛巴達打開瓶子，一個身形高達三百英尺的精靈跑出來，準備對可憐的辛巴達大開殺戒。因此，辛巴達順著精靈的虛榮心，打賭說他絕對沒辦法回到瓶裡。精靈一照著他的話做，辛巴達立刻蓋起瓶口，直到精靈學會放尊重點。

榮格[25]與佛洛伊德不同，榮格喜歡童話故事，因為它們講的是人性。有時，或說經常如此，我們的某部分既多變又強大，憤怒往上堆疊，足以殺死你和其他人，其威力可壓垮一切。我們無法與自己強大而盛怒的那個部分談判，直到教會它放尊重點。我們把它放回瓶中，讓它知道這裡誰是老大。這並非壓抑，而是要找到容器。在心理治療之中，治療師扮演的就是容器的角色，容納我們不敢說出來的事，因為它們太過可怕。或容納那些每過一陣子就會冒出來毀壞我們生活的東西。

童話故事提醒我們，世上並沒有什麼標準尺寸，那只是工業化生活的假象，而農民仍費勁兒與那假象拉鋸，試圖提供標準化的蔬菜給超級市場……雖然尺寸獨特，不過也是會改變的。

有些故事說到神祇以人的形貌出現，那些神力遭貶的眾神。這樣的故事也是對於只看事物的表面就加以判斷的反動，事情並非它們看起來的模樣。

對我而言，在自己的世界保持適切的大小，知道你和你的世界體積都不是固定不變的，這似乎是學習如何生存的珍貴線索。

溫特森太太對自己的世界而言過於龐大，但她陰沉而笨拙地蜷伏在那個世界的矮架下方，偶爾迸發成整整三百英尺高，龐然壓制我們。接著，由於這樣的爆發沒有奏效，

㉔出現在英國童話中的人物，體型只有拇指般大小，故得其名。
㉕榮格（Carl Jung, 1875-1961），瑞士精神分析學家，曾與佛洛伊德共同創立國際精神分析學會，後因兩人理論不同而分道揚鑣。

而且多餘，只帶來毀滅，或者看來如此。她敗下陣來，又縮回去。

我身材矮小，所以我喜歡小個子／居劣勢者的故事，但那些故事並非直接描述某種尺寸與另一種尺寸對槓。就拿《傑克與豌豆》的故事，它基本上在講一個高大、醜陋又呆笨的巨人，與短小精幹還有雙飛毛腿的傑克的故事。好，但豌豆的藤莖是個不確定的元素，這玩意兒一開始只是顆豆子，卻驟然拔高、粗壯如樹，讓傑克爬著它攀上城堡。這座跨越兩個世界的橋梁無法預知，令人訝異。後來巨人也跟在傑克後頭順藤而下，這時候，豌豆藤莖被快速砍斷。這告訴我，追尋快樂，也就是我們所稱的生活這回事，其實充滿令人驚喜的短暫元素。我們去到別無他路可抵達的地方，在旅程中獲益良多，但不能就此停駐，那不是我們的世界，我們也不該讓那個世界毀壞我們所能居留之處。豌豆莖必須被砍斷。但「另一個世界」所含的大量豐厚事物能夠被帶入我們的世界，就像傑克取走會唱歌的豎琴和金雞母。無論「贏得」什麼，都得要順應我們的尺寸和形式，就像迷你公主和青蛙王子，都取用了對於他們未來人生所需的形狀大小，就像我們的人生。

尺寸確實重要。

我在我的小說《決定櫻桃的性別》（一九八九）裡創造了一個角色，叫「犬女」，是個住在泰晤士河上的女巨人，由於自己的世界容不下她的體型，她受了很多苦。這是另一種閱讀我母親的方式。

六本書……我母親不想要書本落入我手中。但她從沒料到我會墜入書裡。我把自己安置在書中，以策安全。

溫特森太太每個禮拜都差遣我去一趟阿克寧頓公立圖書館，借幾本謀殺懸疑故事讓她堆藏。是的，這很矛盾，但我們的矛盾對我們而言不是矛盾。她喜歡艾勒里・昆恩和雷蒙・錢德勒[26]，當我質疑她不是說過「書本[27]」麻煩的地方在於你永遠不知道裡頭

---

[26] 艾勒里・昆恩（Ellery Queen）、雷蒙・錢德勒（Raymond Chandler），均為美國偵探推理小說家。

[27] book，念起來剛好跟 spook（鬼魂）押韻。

寫些什麼，等你知道的時候已經太遲」嗎？她答說，如果你事先知道接下來會有屍體出現，故事就沒那麼嚇人。

我獲准閱讀有關國王、皇后和歷史等非虛構的書籍，但絕不准讀小說。它們就是內容有問題的書……

阿克寧頓公立圖書館是一座石造圖書館，藏書豐富。它建造於將自助與改良當成價值的年代，最後靠著來自卡內基基金會的一筆經費，終於在一九〇八年落成。外面有莎士比亞、米爾頓、喬叟和但丁的雕刻頭像。裡面有新藝術風格的磁磚和一面巨大的彩繪玻璃窗，上頭寫著一些實用的句子，譬如「工藝與審慎征服一切」（INDUSTRY AND PRUDENCE CONQUER）。

圖書館裡收藏了所有英國文學經典之作，還有葛楚·史坦[28]等令人驚喜的作品。我不知道該讀什麼，也不知道用什麼順序讀起，所以就照著字母排序開始讀。謝天謝地珍·奧斯汀（Jane Austin）的名字排在前面……

家裡的六本書中有一本頗讓人意外；一冊湯瑪斯．馬洛禮寫的《亞瑟王之死》㉙。那是本附有圖片的精美書冊，本是由她一位浪蕩不羈、受過良好教育的舅舅收藏。所以她留下那本書，而我讀到了它。

那些有關亞瑟王、蘭斯洛、桂妮薇爾、梅林、卡美洛和聖杯的故事進入我的世界，像是化學混合物裡獨缺的某種分子回歸原位。

此後我一輩子用以研究聖杯故事。那些故事講述失去、忠誠、失敗、承認，也講第二次機會。我曾經得把書放下，回頭快速翻閱珀西瓦爾尋找聖杯的那一段，再三看他得以一窺聖杯的那天，由於無法提出關鍵問題，聖杯就此消失。珀西瓦爾窮盡二十年時光在森林中漫遊，苦尋那個他曾經找到、曾經尋獲的寶物。看似容易，其實不然。後來，當我工作不順遂，感到迷失，對於自己也無法辨識的東西感到厭煩時，是珀西瓦爾的故事帶給我希望。或許還有一次機會……

㉘ 葛楚．史坦（Gertrude Stein, 1874-1946），美國女作家，曾在巴黎設立文學藝術沙龍，並公開她與愛麗絲．托克勒斯（Alice B. Toklas）的同性伴侶關係。

㉙ 英國中古時期作家湯瑪斯．馬洛禮（Thomas Mallory, 1405-71）編纂的《亞瑟王之死》（*Morte d'Arthur*），描寫英格蘭傳奇人物亞瑟王、圓桌武士及聖杯的傳奇故事。

其實，機會不是只有兩次，其實有很多次。如今我已年過五十，也明白了發現與失去、遺忘與記得、離去與回歸都是永不歇止的。所有生命都與另一次機會有關，只要我們還活著，直到生命的盡頭，永遠都有另一次機會。

當然我也喜歡蘭斯洛特[30]的故事，因為它描述的淨是愛的渴求與不滿。

對，故事確實危險，她說得沒錯。書本是一張魔毯，帶你去遨遊他方。一本書就是一扇門。你打開它、踏出去……你會回來嗎？

那時我十六歲，母親差點把我逐出家門，不許我再回來，因為我違反了一條非常重大的規定，比禁書的規定還要嚴重。那規定不只是「不准發生性關係」，更是絕對「不准和同性發生性關係」。

我那時候很害怕，也不快樂。

我記得我到圖書館借謀殺懸疑小說。母親要我借一本《大教堂謀殺案》，作者是T．S．艾略特。她大概以為那說的是邪惡僧侶的血腥故事。所有對教宗不敬的事情她都很感興趣。

我覺得那本書看起來短了一些，懸疑故事通常篇幅頗長，所以我翻開來，發現是用詩歌體例寫成的。這不對吧……我那時沒聽過T．S．艾略特。我想他大概和喬治．艾略特[31]有點關係。但圖書館員告訴我，這位T．S．艾略特是美國作家，大半生在英國度過，他一九六四年過世，還得過諾貝爾獎。

我沒讀過詩，因為我當時的目標是把架上的英國文學散文從A到Z讀一遍。

但這一本不同……

我讀到：這只是一刻／猶知另一時刻／將以驟然而痛苦的快樂將你刺痛。

（This is one moment, / But know that another / Shall pierce you with a sudden painful joy.）

我開始哭泣。

㉚ 亞瑟王傳奇故事中的人物蘭斯洛特（Lancelot）是一位圓桌武士，愛上亞瑟王的妻子桂妮薇兒。

㉛ 喬治．艾略特（George Eliot, 1819-80），英國女作家。《大教堂謀殺案》（*Murder in the Cathedral*）是另一位英國作家艾略特（T. S. Eliot, 1888-1965）所著的詩劇。

圖書館裡面的讀者投以責備的目光，圖書館員也斥責我，因為當時在圖書館裡面連打噴嚏都不允許，更別說是啜泣。所以我把書帶到外頭，坐在臺階上，在一如平日的強勁北風吹襲下讀完整本書。

那本陌生而又優美的劇本使得那天的事變得可以忍受。那關乎一個失敗的家庭，第一次失敗並非我的過錯，但是被領養的孩子總是自責。但第二次的失敗，我絕對難辭其咎。

我那時對性別與性欲感到困惑，也對直接而又現實的問題感到沮喪，包括住在哪裡，吃些什麼，及如何通過進階考試[32]。

我孤立無援，但艾略特幫助了我。

因此，當有人說詩是一種奢侈，一種選項，或說詩只屬於受過良好教育的中產階級，或說詩一無是處，所以學校不該教學生讀詩，總之，只要聽到有人提出愚蠢奇怪的意見來看待詩以及詩在人生中的位置，我都懷疑說那話的人想必活得一帆風順。艱困的人生需要艱困的語言，詩正是艱困的語言。那也是文學所能提供的一種強大的語言，足以道出人生何以艱困。

這不是藏身之處，而是探尋之地。

從很多方面來看，此時都是我該離開的時候。書本戰勝了我，我母親則戰勝了書本。我曾在週六及週四、週五下課後到市場打工包裝貨物。我把賺來的錢拿去買書，偷偷帶回去，藏在床墊下。

凡是家中有一張標準尺寸單人床和許多標準尺寸平裝書的人都知道，七十二本書剛好可在床墊下方鋪滿一層。我的床逐層升高，一眼可見，就像公主與豌豆的故事。沒有多久，我的床鋪距離天花板比地板還近㉝。

我母親生性多疑，就算她並非如此，事情也很明顯了：她女兒正在往上發展。有天晚上她走進我房裡，看到平裝書的一角從床墊下露出。她扯出書本，用手電筒

㉜ 進階考試：英國學生於高中畢業之前接受學術評量，據以考慮接下來是要申請大學或就業。

㉝〈豌豆與公主〉是一則安徒生童話。故事中，皇后在床架上放了一顆豌豆，往上疊起二十張床墊，測試公主能否察覺有異。

檢查。不幸中選的是D．H．勞倫斯的《戀愛中的女人》㉞。溫特森太太知道勞倫斯是撒旦的信徒外加色情作家，所以把書狠狠丟出窗外。她搜索劫掠，把一本又一本的書從窗戶扔到後院。我從床上滾下來搶書，想把它們藏起來。狗兒跟著被拋出窗的書冊往外跑，我爸爸身穿睡衣，一臉無奈地站在那裡。她解決了以後，拿起我們用來烤暖浴室的小石蠟爐走到後院，將石蠟淋在書本上，放火。

我看著書本燒得熱烈灼亮，如今我記得在一月那個酷寒而寧靜的夜裡，想著這是多麼溫暖、多麼光亮。而我一直覺得書本就是光明和溫暖。

先前我把所有的書一本一本用塑膠套包好，它們是如此珍貴。現在全沒了。

隔天早上，零星的書頁四處散落在院子和後巷裡。書本燒過，呈鋸齒狀碎片。我撿拾了其中一些。

那也許是我寫作方式的成因：撿拾碎片，不確定敘述的連貫性。艾略特是怎麼說的？

我用這些碎片抵禦崩壞……㉟

有好一陣子我極為安靜，但我明白了一件重要的事：外在的任何事物可以隨時被拿走。只有你內裡的事物才安全。

我開始背書。我們早已在持續背誦長篇聖經經文，比起依賴文字保存的人，習於口述傳統的人似乎更擅長記憶。

過去曾有段時間，保存紀錄並不是一種管理方式，它是一種藝術形式。最早期的詩是要讓人紀念與記憶的，歷經世代而得以記住戰役的勝利，部族的生活。是的，《奧德賽》、《貝武夫》都是詩[36]，但它們擁有實用功能。如果你不能把它寫下，又該用什麼方式將之流傳？你記憶，並朗誦。

---

34 英國作家勞倫斯（D. H. Lawrence, 1885-1930）擅長描寫男女情欲。《戀愛中的女人》（*Women in Love*）描述二男二女的愛情故事。

35 原文為 These fragments have shored against my ruin。出自艾略特《荒原》。

36 《奧德賽》（*Odyssey*）是古希臘詩人荷馬所著史詩。《貝武夫》（*Beowulf*）為古英文史詩。

詩的韻律及意象使它比散文更容易回想、吟詠。但我也需要散文，所以我自己製作了十九世紀小說的簡要版。我用它來護身，不拘泥情節。

我的心裡有文句，一束引導我的光線。我有語言。

小說和詩是藥方，是良藥。它們把現實對想像力的撕裂加以癒合。

我受了傷，我身上有個非常重要的部分遭到毀壞，那就是我的現實，我生命中的諸般事實。但在事實的另一面是：我能夠成為什麼人，我可以如何感受，以及：只要我還能用文字、用意象、用故事表達它，我就不會迷失。

有痛苦、有快樂。有艾略特筆下痛苦的快樂。我第一次感受到那種痛苦的快樂，是在一次走向我們住屋上方的山丘路。底下是長長的街道與小鎮，上面是山坡。石子路直通工廠底區。

我放眼望去，那看起來並不像一面鏡子或一個世界。這是我所在之處，但不是我未來會在之場所。書沒了，但它們只是物品，涵括的東西不會被如此輕易毀去。它們涵括的事物已在我心中，我們要一起逃走。

那堆悶燒的紙片和字體到隔天的清冷早上仍有餘溫。我俯瞰紙堆，領悟到我可以做些別的事。

「去他的。」我想：「我可以自己寫書。」

5 在家裡

我們的房子是一幢狹窄的小屋，坐落於一排狹長的連棟屋間。屋外道路由鵝卵石鋪成。人行道鋪了堅硬的約克石板。我們家的門牌號碼是兩百號，差不多到了路的盡頭。進了屋，是一道窄小昏暗的門廊，有一排衣帽鉤和一個投幣式瓦斯表。過了門廊，右側是最好的客廳，特別放置落地燈、收音機、一套塑膠材質的三件式沙發，外加一個展示櫃。

穿過這扇門，有座陡梯往上。往前直走是我們的起居室，再來是廚房，院子，煤孔，然後是外面的廁所，我們戲稱它為「**貝蒂間**」。

樓上有兩間臥室，一間在左，一間在右。我十四歲的時候，左邊潮溼漏水的那間又隔成了兩小間，一間是給我用的小臥室，另一間是共用的浴室。在那之前，樓上有個尿桶；在那之前，我們睡在同一間房裡，那房間有張我父親睡的雙人床，父親不在時，母親會睡在床上，靠牆則是我睡的單人床。我一直很擅長睡覺。

兩張床之間有張小桌，靠近我的這側桌面放著照明用的地球儀燈。靠近母親的那邊有個電動鬧鈴燈，上面有個開了燈就翩翩旋轉的芭蕾舞者，還有一個床頭燈。

溫特森太太很愛設計恐怖的多功能電子產品。她是最早使用發熱式束腹的女性之一。但很不幸，這種束腹在溫度過高時會發出嗶聲警告使用者。既然叫束腹，顧名思義，是穿在她的襯裙、裙子、圍裙、外套裡面，她若想要涼快點，沒別的辦法，只能脫掉外套站在院子裡。如果下雨，她只好站進貝蒂間。

那是間好廁所。牆面刷白，空間小巧，門後掛了一支手電筒。我把書夾帶進去偷偷閱讀，謊稱便祕。這樣是危險的，因為溫太太很喜歡栓劑和灌腸劑。不過，為了藝術，你總要付出一點代價……

煤孔就不是好地方了。漏水、骯髒又寒冷。比起被擋在屋外的門階，我更討厭被關進煤孔。我曾經大喊大叫甚至拍打門蓋，依然沒用。我有一次想辦法把門弄壞，卻換來一頓毒打。母親從不打我。她等到我父親回家，告訴他該揍我幾下、該用什麼工具……

膠條、皮帶或直接用他的手。

有時，過了一整天我才受罰。對我來說，這遲來的處罰已經與過錯扯不上關係，罰得莫名其妙又毫無意義。關於這一點，我對他們很不以為然。過一陣子後我就不再害怕了。它並沒有改善我的行為，卻使得我憎恨他們。我並非一直恨他們，一種無助者的恨意，一種熊熊燃燒而後平息的恨意，那逐漸成為我們關係的基底。恨意以煤製成，微微燒灼如炭，遇上另一個過錯、另一個懲罰，就會煽起怨火。

北英格蘭的工人階級習於殘暴。男人揍女人，或如D．H勞倫斯所說的「輕輕碰」她們一下，要她們安守婦道。女人打男人較為少見，但偶有所聞，而且如果那是發生在「我罪有應得」的一般道德範圍之中——酒醉、玩女人、把家用錢拿去賭博，男人就會乖乖地挨拳頭。

小孩比較常挨耳光，挨揍倒不普遍。孩子們成天打架，男女生都一樣。我小時候可不怎麼在乎皮肉傷。我曾打過幾個女友，直到我理解那樣不對才收手。即使今日，當我憤怒，仍然只想把惹火我的人打趴在地。

我知道那解決不了事情，也花了很多時間理解自己的暴力行為，我一出手，可不是小貓軟綿綿的那種招式。有些人絕不會犯罪，但我不是那些人。

這一點還是先搞清楚比較好。你最好知道自己在遇上激烈挑釁時會變成什麼樣的人，心裡會想什麼，以及可以或可能做出什麼樣的事。

父親與第二任妻子結婚幾年後開始打她。莉莉安打電話到我在科茨沃爾德[37]的住處說：「你老爸開始丟東西，我也丟了幾個回敬他。」

當時他們住在一間老人安養中心，不是個會發生家暴的場景，而父親已高齡七十七。因此我並沒有把這事放在心上。他們丟什麼？假牙嗎？

我知道他們信主耶穌之前父親曾打過母親，我也知道她和她自己的母親都曾遭我外

---

[37] 科茨沃爾德（Cotswolds）位在英格蘭南部的丘陵地區，以鄉間景致聞名。

祖父拳腳相向，但在我小時候，老爸只有在母親號令之下才會打我。

翌日，我花了四小時路程到阿克寧頓，支開爸爸去買炸魚薯條。莉莉安幫我泡了杯茶，裝在塑膠杯裡遞給我。四下都是碎瓷器。

「我的茶具組，」莉莉安說：「只剩下殘骸。那是我花自己的錢買的，又不是他的錢。」她很氣憤，尤其溫特森太太一輩子都在蒐集皇家阿爾伯特㊳的瓷器。她在展示櫃裡放了一套具有柔美情懷的糟糕餐具。莉莉安已說服老爸把那套賣掉，重新來過。

莉莉安身上有瘀青。爸爸看起來畏首畏尾。

我帶他出房間，進到車裡，然後開車到褒蘭峽谷。他很喜愛蘭開夏的山丘河谷，我們都愛。他年輕力壯時曾把我放在腳踏車後面的貨架上，載我到十英里外的彭德爾山，我們就散步走上一整天。那是我最快樂的時光。

他從不多話、拙於言辭，而我和母親的爭執卻是激烈交鋒、快人快語。但我懷疑，溫特森太太耶和華式的個人對話風格，一輩子叨叨絮絮的獨白，是否因此使父親比天生的沉默更為寡言。

我問他那些瓷器是怎麼回事，他沉默了大約半個小時，然後哭了。我們從保溫瓶倒出熱茶來喝，他開始娓娓述說戰爭期間的事。

他曾參與諾曼第登陸，就在第一波攻擊部隊之中。他們沒有彈藥，只有刺槍。他用刺槍殺死六個人。

他說了請假回利物浦的事。那時他疲累不堪，逕自走進一間廢棄的空屋，扯下窗簾蓋住身體，就這麼躺在長椅上。清晨，一位警察搖搖他的肩膀，他才醒過來。難道他不知道發生了什麼事嗎？

老爸環顧四周，半睡半醒。他在長椅上，身上蓋著窗簾，但房子已經消失。在夜裡被轟掉了。

他告訴我，他爸爸曾在經濟大蕭條的時候帶著他在利物浦港口四處找工作。爸爸一九一九年生，是慶祝第一次世界大戰結束後的嬰兒潮，然而，大人忘了慶賀他的出生。他們壓根兒沒想到要照顧他。他那一代是長大後直接趕上二次大戰的世代。

他二十歲被徵召入伍，瞭解漠視與貧窮，也懂得你得在受到生活打擊之前搶先出手。

不知怎的，在爸爸心裡沉寂多年的事冒了出來。隨著的是有關溫特森太太和他們早年婚姻生活的噩夢。

㊳ 皇家阿爾伯特（Royal Albert），英國瓷器品牌，其杯盤繪有花卉等古典圖案。

「我真的愛過她……」他喃喃說著。

「你愛過她，但你現在愛的是莉莉安——而且你絕對不可以對她丟茶壺。」

「康妮不會原諒我再婚的。」

「沒關係的老爸，她會因為你的幸福而高興的。」

「不，她不會。」

而我心想，除非天堂不過是人間一隅，或者她的人格整個移植，否則——不，她絕不可能……但我沒說出口。我們只是靜下來，吃巧克力。接著他說：「我一直很害怕。」

「別怕，老爸。」

「不怕、不怕。」他得到安慰，點了點頭，像個孩子。他一直是個孩子，沒能好好照顧他我很難過，難過有那麼多孩子從未受到妥善照顧，使他們沒辦法長大。他們會變老，但長不大。長大需要愛。如果你走運，那樣的愛會在往後的生命中到來。如果你走運，就不會朝你愛的臉頰揮拳。

他說他不會再犯。於是我帶莉莉安去買了新的瓷器。

「我好喜歡這些大嘴杯……」她說。我喜歡她把馬克杯稱作「大嘴杯」。這俗稱真不錯，那是用嘴沾進去的東西。

「我都怪在康妮頭上。」她說：「單憑她對妳和妳爸做的那些事，他們早該把她關起來了。妳知道她瘋了吧？什麼滿嘴耶穌那一套，整夜不睡，把妳丟到屋外，還有槍啊，束腹啊，屋裡貼滿該死的聖經。我要他把牆上的東西都撕下來。他一直很愛妳，可是被康妮阻止。他從來不想要妳離開。」

「他沒有為我挺身而出，莉莉安。」

「我知道，我知道，我跟他說過……那恐怖的房子……還有那套恐怖的皇家阿爾伯特瓷器。」

我母親嫁得不好。嫁得不好是指沒錢又沒希望。因為嫁得不好，所以要向街上的每個人宣告，即使你不富有日子還是過得好。過得好就要靠展示櫃。

家裡用剩的每一分錢都得放進一個餅乾罐，罐上寫了皇家阿爾伯特幾個字，而罐子裡的每分每毫都進了展示櫃。

皇家阿爾伯特的餐具上畫滿玫瑰，鑲著金邊。不用說，我們只在聖誕節和母親一月份生日的時候才使用。其他時候它們就是展示品。

我們都得了皇家阿爾伯特狂熱。我存錢。爸爸加班，而我們這麼做是因為每一個盤子或醬汁器皿的展示，都使她更接近幸福一點點。幸福仍在玻璃門的另一邊，但她至少得以透過玻璃窺視，如同囚犯見到渴盼已久的愛人來訪。

她想要快樂，而我想我就是因此觸怒了她。我沒辦法活在一個以蓋子闔起的宇宙垃圾桶。她最鍾愛的聖歌是〈主塗抹了你的過犯〉，我最喜歡的歌是〈振作，汝乃上主聖徒〉。

這首歌我到現在還唱，也教我所有的教子唱。很荒謬的一首歌，但我覺得挺美的。以下是完整歌詞：

振作，汝乃上主聖徒，（Cheer up ye saints of God）
沒有任何事好擔憂；（There's nothing to worry about）

沒有任何事讓你懷疑；（Nothing to make you feel afraid）
記住耶穌拯救了你；（Remember Jesus saves you）
因此何不信主高呼，（So why not trust him and shout）
明早你將後悔曾憂慮。（You'll be sorry you worried at all, tomorrow morning）

因此，我母親在鋼琴前彈唱〈主塗抹了你的過犯〉，而我在煤孔裡唱著〈振作，汝乃上主聖徒〉。

領養孩子這件事的麻煩在於，你永遠不知道會得到什麼。

我們家裡的生活有點怪。

我五歲才上學，因為我們住在外公家裡照顧病重的外婆。在那樣的情況下還要讓我上學，實在太難了。

陪伴病重外婆的那段期間，我喜歡爬上她在起居室裡面那張高大的床，俯瞰玫瑰園。那房間明亮可愛，而我經常是第一個起床的人。

老人和小孩相處可以是絕配，我愛進廚房，站在凳子上做些亂七八糟的奶油果醬三明治。這些是患喉癌的外婆唯一能吃的東西。我喜歡三明治，不過我只要是食物都喜歡。況且，廚房在那時期還沒有亡者出沒。或許只有母親看得見他們。

我把三明治做好，拿到那張高大的床去（我想那時我大約四歲）然後喚醒外婆一起吃，弄得四處是果醬，接著閱讀。她讀給我聽，接著換我念給她聽。我很擅長朗讀。如果聖經是你讀的第一本書，那你就不得不會朗讀。但我從一開始就很喜愛文字。

她給我買了凱瑟琳．哈爾寫的《橘果醬貓歐蘭朵》（*Orlando the Marmalade Cat*）故事全集。

那隻橘紅色的貓兒真是溫和得不得了。

那段日子很美好。有天，我父親的母親來訪，有人向我介紹她是「妳的祖母」。

我說：「我已經有一個祖母，不要另外一個。」

她和我父親都很受傷，這也是我邪惡本性的又一佐證。不過似乎沒人想到，就我小小的算術法而言，有兩個母親表示第一個已經死了，那麼有兩個祖母又何嘗不是同樣的意思？

我真的好怕失去。

外婆過世是我發現的。我還不知道她已經死去。我只知道她沒在看書，也沒在吃奶油果醬三明治。

然後我們收拾行囊，離開外祖父那個擁有三座花園、後倚一片高聳樹林的家。

我們搬回瓦特街上二下二那棟房子。

我想，母親的憂鬱就是自此開始。

我在家的十六年中，父親不是在工廠裡面輪班就是在教堂。那是他的生活模式。

我母親整夜不眠，終日抑鬱。那是她的生活模式。

我上學，上教堂，或到山丘上，或偷偷閱讀。那是我的生活模式。

我很早就學會偷偷摸摸。藏匿我的心思。隱瞞我的想法。母親一旦確定了我是錯誤的嬰兒床，我所做的每件事都會支持著她如此堅信。她在我身上搜尋各種說明我被魔鬼附身的徵兆。

我聽不見的時候她沒帶我去看醫生，因為她知道那若不是主耶穌塞住我耳朵，要我別聽人間靡靡之音，以此改造我破碎的靈魂，就是撒旦對我大聲私語，刺穿了我的耳膜。

對我不利的是，耳朵變聾的同一時期，我正好在探索陰蒂。溫太太完全是老派人士。她認為自慰會讓你眼瞎，因此不難得出自慰也會讓你耳聾這樣的結論。

我認為那說法不公平，因為我們認識很多人也戴助聽器和眼鏡。公立圖書館裡有一整區放了大型字體書。我發現旁邊就是個人讀書間。這兩件事大概有因果關係吧。

總之我必須切除腺體，所以，既不是耶穌也不是撒旦塞住我耳朵。只是我自己的身體作怪。

當母親帶我去醫院，把我安置在兒童病房，一把我放上側邊有柵欄的床，我立刻爬出床去追她。

她走在前面，穿著合成纖維材質的大衣，高大孤傲，我還記得刷亮的亞麻地氈在赤足下滑過的感覺。

驚慌失措。我到現在還能感受到。我一定是以為她要把我送回去給人再度收養。

我記得在醫院的那個下午，我被施打了麻醉劑，然後開始編一個無毛兔的故事。牠母親送牠一件鑲寶石的外套，卻在寒冬中被黃鼠狼偷走……

我想我哪天應該完成那個故事才是……

我花了很久的時間才發現，寫作分為兩種：一種是你書寫的，一種是書寫你的。書寫你的那種很危險，你會去到你不想去的，看見你不想看的。

兔子和腺腫事件過後，我晚了一年才上學。上學這件事頗令人擔心，因為母親把學校稱為「孳生地」。當我追問到底什麼是孳生地，她答，如果沒在水槽放入漂白水就會變成那樣。

她要我別和其他小孩混在一起，那些小孩大概是經歷漂白水存活下來的，一個個蒼白得很。

我會讀會寫，也會加法，那就是學校生活的全部。儘管我書讀得不錯，還是和壞孩子一樣得到壞評語。我已經接受這個「壞」標籤。有個身分總好過啥都沒有。

我大部分時間都在畫地獄，放學後把畫帶回家給母親欣賞。畫地獄有個很棒的技巧：把一張紙塗上明亮的七彩色塊，再拿起黑色蠟筆用力塗蓋過所有色彩。然後拿一根針刻劃整張紙，刮除黑色的地方又顯露出色彩。戲劇性十足又有效果。對於失落的靈魂更是如此。

由於燒掉遊戲廚房，我不光采地離開幼兒園，身穿黑色粗呢的女校長（她在為蘇格蘭哀悼）對我母親說，我既跋扈又具侵略性。

我是沒錯。我揍其他的小孩，男女都打。上課聽不懂就直接走出教室，如果老師要我回到課堂，我就打老師。

我明白我的行為並不理想，但母親認定我是被魔鬼附身，而女校長正在為蘇格蘭哀悼。要正常還真不容易。

我每天自己起床上學。母親會留給我一碗玉米片，牛奶放在保溫瓶裡。我們沒有冰箱，一年之中大部分的時間也不需要。屋裡很冷，北方很冷，而且我們買了食物就會吃掉。關於冰箱，溫特森太太有一些糟糕的說法。冰箱會釋放氣體，讓你暈眩；老鼠困在馬達裡面，受困在馬達的死老鼠又會引來更大的老鼠……小孩會困在裡面沒法子出來。她認識一家人，最小的孩子爬進冰箱玩捉迷藏，結果凍死了。他們還得先把冰箱解凍才能把他撬出來。接著市政府帶走其他的孩子。而我很納悶他們為什麼不把冰箱直接帶走。

我每天早晨下樓，把火吹旺，好讓它繼續燒，然後讀字條。總會有張字條等在那裡。字條的開頭是些關於清洗的一般叮嚀（**手**、**臉**、**頸**、**耳**），以及摘自聖經的告誡，例如你要尋求主。或是要**謹慎**和**祈禱**。

每天的告誡都不同；該洗的部位則每天都一樣。

我七歲時，我們養了一隻母狗，我上學前有個任務，得帶牠到附近街區繞一繞，然後餵牠吃東西。因此字條內容改成**洗**、**遛**、**餵**、**讀**。

每天的午餐時間（但北方人管它叫晚餐時間），頭幾年我會從學校回家，因為中學就在街角。直到那時，母親才會起身，我們吃點派餅和豆子，然後讀經。

後來我到遠一點的文理學校念書，晚餐時間不回家，索性就不吃任何晚餐。母親不願接受資產檢查，因此我沒有資格獲得學校免費供餐，我們也沒錢買餐點。通常我會在袋子裡帶兩片白吐司和一點乳酪，如此而已。

沒有人覺得不尋常，其實也不奇怪。很多孩子吃不飽。

我們晚上可以吃飽，因為我們租了一塊公用菜園[39]，蔬菜養得很好。我喜歡種菜，現在依然如此，我在其中找到一種恬靜的樂趣。我們養雞，所以有蛋，不過只負擔得起每兩週買一次肉，因此蛋白質攝取不足。

星期四晚上，我們總是從菜園採來洋蔥和馬鈴薯水煮來吃。老爸每週五發薪水，到了下一個星期四，錢已用得差不多。冬天，瓦斯和電到星期四也會用完，因此洋蔥和馬鈴薯都沒煮熟，我們就在昏暗的石蠟燈下用餐。

街上每個人都一樣。週四停電稀鬆平常。

我們沒車，沒電話，也沒有中央系統暖氣。窗玻璃內側在冬天會結冰。

我們經常受凍，我卻不記得曾為這事感到困擾。父親小時候是不穿襪子的。所以，如果說我們身體其他部位沒長進，腳倒是有進步。

我們使用煤火。我五歲那年，從外祖父那棟有中央暖氣的房子搬回我們那棟通風又潮溼的連棟房屋，此後學會生火和點火。爸爸教我如何生火，我也為自己燒傷的手指和微焦的髮尾感到驕傲。

我的工作是揉紙，把紙浸入石蠟，然後放進密封的餅乾罐裡疊好。爸爸蒐集木頭，劈開當作火種。送煤的人來，送給母親幾袋免費的叫作「煤屑」的東西，因為他曾想要娶她。她認為這是對她道德品格的恥辱，不過還是收下了煤屑。

---

❸❾ 英國政府將公用土地開放，提供民眾分租種菜或種植園藝。

到了上床睡覺的時刻（大約清晨六點），母親會把沾有柏油灰的薄煤屑撒在火上，好讓它保持溫度悶燒，把煤炭留給我在早上七點半繼續燒。她熬夜，通宵聆聽收音機裡傳福音到鐵幕後蘇聯的神祕廣播。她烘烤東西、縫紉、編織、修理，然後讀聖經。她是如此孤僻的女人。一個渴望能有人來懂她的孤僻女人。我想，我現在的確懂她了，但已經太遲。

真的太遲了嗎？

佛洛伊德是一位偉大的敘事導師，他知道過去並非固定於線性時間的那種方式。我們可以回歸，可以撿拾掉落的東西，可以修復被他人損壞之物。我們可以和死者交談。

溫特森太太身後留下許多她沒辦法做的事。

其中之一是打造一個家。

羅馬尼亞哲學家米爾恰·伊利亞德談到家——本體論與地理上的家，他用了一個美好的詞，說家是「現實的中心」。

他告訴我們，家是兩條線的交會。一條垂直，一條水平。垂直的一端有天堂，或說天上的世界，另一端是亡者的世界。水平面是世間的交流，來回移動，我們自己的交流，還有其他眾人的交流。

家是一個有秩序的地方，事物的秩序在家這裡匯集，生者與死者，已逝先人與現居者的精神心靈，一切的往復流動都往家這處聚集與平息。

離家也要先有家可離。離開從來不只是地理上或空間上的分離，而是情感上的分離。無論想或不想。無論平穩還是矛盾。

流離失所之人在自我定位中缺乏「家」這個關鍵座標，因此導致嚴重的後果。理想的情況是它必須得到處理，或以某種方式補償。最壞的情況則是：一個空間錯置的人，如同那字面上的意思，不知道哪條路是往北，因為他沒有正北方。沒有羅盤方位。家絕不僅是庇護所。家是我們的重心。

游牧民族學會把家帶著走。他們把熟悉的家當送走，或者運到異地重建。我們搬家時，也攜帶著我們對家的概念，無形卻很有力量。為了心理的健全和情感的延續，我們並不需要老是待在同一間屋子或同一個地方，但是需要一個內在的堅實結構，而那個結構有一部分建構於外在所發生的事。我們生命的內在與外在各是一個殼，我們學習安居於其中。

對我而言，家是個難題。它既不代表秩序，也不表示安全。我十六歲離家，從那之後就不斷遷徙，直到我偶然（或可說是巧遇）覓得兩處小巧的地方住下來，一個在倫敦，一個在鄉間。我從未與任何人在那兩間屋子裡面同住。

對此我不是很開心，但在我真與某人同住且長達十三年的那段時期，我需要很多自己的空間。我不髒亂，我整理得井井有條，也樂於打掃烹飪，但我就是很難接受屋裡有另一個人的存在。我真希望事情不是如此，畢竟我真的想與我愛的人同住。

我只是不知道該怎麼做。

我還是先接受一件事吧——我也未必適應自己對於距離和隱私的需要。溫特森太太從來不尊重我的隱私。她亂翻我的東西，打開我的日記、筆記本和我寫的故事與信件。我在屋裡從未感到安全，當她叫我離開，我覺得遭到背叛，覺得我永遠沒有歸屬感，也不會有歸屬感。那種糟透的感覺現已紓解，因為我的家屬於我，我可以來去自如。

我從不曾擁有瓦特街住處的鑰匙，所以我能否入屋，端看是否獲准進入。我不懂自己為何至今還如此喜歡門階，簡直變態，因為我花了這麼多時間坐在門前階梯上。不過，在阿克寧頓的時候家裡有兩個地方對我至關重要，也是我如今不可缺少的地方。

門檻和壁爐爐床。

朋友開玩笑說，除非是正式就寢時間，或者大雪已經飄進廚房，我才會關上門。我早晨起床的第一件事就是打開後門，在冬天第二件事，是生火。

我席地坐在門階上的那些時光使我對中間地帶產生某種情感。我喜歡貓兒半進半出的狀態，既狂野又馴服，而我也一樣既狂野又馴服。我可以被豢養，但只能在門開著的時候。

我猜這就是關鍵。沒有人能再把我關在門內或門外。我的門敞開，而我就是開門的人。

門檻及壁爐爐床是神祕的空間，它們在我們的神話歷史中各有神聖與儀式的面向。跨越門檻就是進入另一個世界，不管是進入裡面，或者出去外面。在打開門之前，我們不知道門的另一邊有些什麼。

人人都有屬於自己的熟悉的門與陌生房間的夢境。納尼亞之國是走進衣櫥裡的一扇門才得以進入，藍鳥的故事裡有一扇絕不能打開的門，吸血鬼不能跨越鋪有大蒜的門檻。打開門，進到迷你時間機器[40]，裡面有一片廣袤變幻的空間。

抱起新娘入新居的傳統是一種跨越人生階段的儀式。把一個世界留在後頭，進入另一個世界。即使到現在，當我們離開原生父母的家，仍然沒有拿起行李走出去那麼簡單。我們的前門可能是個美妙的東西，或是個我們恐懼的景物。它鮮少只是一扇門。跨進與跨出，不同的世界，重要的空間，是我在小說中安排的私密座標，我試圖把它們打造為範例。

一己的故事若成為範例與寓言，對別人就有效果。一個故事的強度——拿《柳橙》

來說——可以擴張到比它所在的時間地點更大的空間。那個故事跨越了我世界的門檻，進入到你的世界。我們在故事的門階上照見彼此。

對我而言，書就是家。不是書本構築的家，它們就是家。翻開書，如同打開門，進入其中。書本裡面的時間不同，空間迥異。

那兒也有溫暖，壁爐爐床，我拿本書坐下來就暖和了。這是我從門階上的寒夜裡學到的。

溫特森太太從一九四七年至九〇年死去為止都住在瓦特街同一間房子裡。那是庇護所嗎？我不認為。那是她想要待的地方嗎？不……

她厭惡狹小簡陋，但那裡是她能擁有的一切。我陸續買了幾間大房子，就是為了她而嘗試。其實我的品味較為樸素，但這分領悟要等你為母親的幻影買下她喜歡的房子之

㊵一九六〇年代英國科幻電視影集《超時空博士》（*Doctor Who*）劇中有一時間機器，外觀像電話亭。

後又賣掉，你才會曉得。

跟大部分人一樣，我有很長一段時間都和父母住在一起……這是《柳橙》的開頭，而故事結尾是一個年輕母親，我們就叫她珍奈吧，返家後發現一切幾乎沒有改變——新的電子琴增加了一些低音域，可以隨著聖誕頌歌敲敲彈彈，除此之外，生活一如從前。母親龐大的體型屈於狹小的屋子，屋內滿是皇家阿爾伯特瓷器及電器，用複式記帳法計算教會收支，在殺蟲劑的煙霧瀰漫下抽菸直到深夜，她的菸藏在一個盒子裡，盒上寫著大大的字樣：橡皮筋。

回顧過往，我與多數人相同，見到家裡的房子駐留於時間之中，或說它已在時間之外，因為它的存在如此清晰，也不會改變，唯有從心的門扉才得以進入。

我喜歡前工業化時期的社會和宗教文化至今仍區隔出的兩種時間——線性時間，也就是循環性的時間。因為歷史看似前進，其實重複；另一是真實時間，它並不遵循時鐘或月曆，而是靈魂曾經活過的時間。真實時間可以倒轉及恢復。因此，所有宗教儀式裡曾發生過一次的事必須重複執行——踰越節、聖誕節、復活節，或者在異教文化中也有仲夏祭典及神的死亡[41]。我們參與儀式就是踏出線性時間，進入真實的時間。

一直要到我們活在機械化的世界裡，時間才真正被封鎖。於是我們淪為看鐘錶的人和時間的僕役。時間，如同生命裡的其他事物，變得制式而標準化。

我十六歲離家時買了一塊小毯。那是我捲起的世界。不管到哪個房間，某個暫時的棲身之所，我總會張開這塊毯子。這是我自己的地圖，別人看不到，但毯子容納了我待過的所有地方——待上幾星期、幾個月。我初到一地的頭一晚喜歡躺在床上，看著那張毯子，提醒我即使自己如此渺小，仍擁有所需的一切。

有時，你不得不住在一個不安穩而臨時的居所，不適合的地方，錯的地方。有時安

[41] 丹麥、瑞典等北歐國家在夏至這一天舉行慶祝活動。在基督教之前的古希臘、中東等地已有關於神死而復生的故事。

全處對你沒幫助。

我為何在十六歲離家？那是人生從此改變的重大決定之一。回顧過往，我當時似乎走在常理的邊界，合理的做法應該是保持安靜、繼續前進，變得更擅長撒謊，更晚離開。我發現，合理做法只有在決定小事時才會是好主意。對於改變一生的事，你得冒險。然後震撼來臨！當你冒了險，做了對的事，來到常理的邊界，跨入未知的領域，把你熟悉的所有味道和光線拋在後頭，這時你並未感到欣喜若狂和龐大能量。

你不快樂。情況變得更糟。

那是哀傷的時刻。失落，恐懼。我們用一堆疑問射向自己，然後中彈，傷痕累累。

接著所有膽小鬼現身說法：「看吧，我早跟你說了。」

他們根本什麼也沒說。

6 教堂

「那不是教堂，只是把兩間連棟房子打通。」

位在阿克寧頓布萊克本路的「以琳五旬教會」（Elim Pentecostal Church）是我十六年來的生活重心。它沒有座席，沒有聖餐臺，沒有教堂中殿或高壇，沒有彩繪玻璃，沒有蠟燭，沒有風琴。

它有折疊木椅，一座矮長講道壇，更像是舞臺，不像傳統那種有支柱立起的箱狀物。一臺酒吧鋼琴，和一個坑。

我們的洗禮儀式會把坑裡蓄滿水。如同耶穌在約旦河中為他的門徒受洗一般，我們把信徒整個人浸入一個很深的溫水池，池水在洗禮進行的前一天就得慢慢加溫。

等待受洗的人會拿到一個小盒子，用來裝他們的假牙和眼鏡。那盒子原本只用來裝眼鏡，直到史莫麗太太在水中開口讚美上帝，掉了她的上排牙齒。牧師不會游泳，只好由某位信眾潛到水下把牙齒撈出來。我們全部的人唱著〈我叫你做得人漁夫〉以示鼓勵，不過弄丟一副假牙算是不幸，弄丟兩副看來就是不小心。因此進行洗禮不能戴假牙——如果你有假牙的話，而大多數人都有。

關於土葬／火葬時究竟該不該戴假牙，爭辯激烈。

如同多數的福音教會團體，以琳教會相信死人會在「號角末次吹響」[42]時復活。這件事溫特森太太不信，但她保持沉默。爭辯的問題在於：如果你的牙齒被摘除，而直到六〇年代都如此流行，那麼你能不能在號角末次吹響時拿回它們？如果可以拿回，假牙會不會礙事？如果不能拿回，你該不會要度過無牙的永生吧？

有人說無所謂，因為沒有人死後還能吃東西；有些人說問題大了，因為我們想要以最體面的模樣來到耶穌面前。

辯論就這麼持續不停……

[42] 出自聖經〈哥林多前書〉第十五章第五十二節。

溫特森太太不想要死而復活，因為她從來不愛自己的身體，就算是一天裡就一分鐘也沒有。她雖然相信末日之說，卻認為死而復生並不符合科學。我向她問起這件事，她說她可是見過百代新聞片[43]裡的廣島和長崎，也知道奧本海默與曼哈頓計畫[44]。她經歷過戰爭，兄弟曾加入空軍，而我的父親曾是軍人。那是他們的人生，可不是歷史。她說原子彈爆發後你無法再相信物理的質量，能量才是重點。「終其一生都是質量。我們走的時候就只是能量，沒別的了。」

多年來我常思考這件事。她瞭解這件無限複雜卻又絕對簡單的事。對她而言，〈啟示錄〉裡那些終會逝去的「世間之物」和「天地如書卷被捲起」[45]，在在展現從物質到能量這個無可避免的歷程。她的舅舅，也就是她摯愛母親的親愛兄弟，乃是一位科學家。她是聰明人，她在瘋狂的神學和殘酷的政治之間、在狂烈的憂鬱，與她對於書本、知識、生命的棄絕之間見到原子彈爆炸，瞭解世界的真實本質是能量而非質量。

但她從來不瞭解，能量本可以是她活在人世之時的真實本質。她不必受困於質量。

等待受洗的人身穿白布，有些人態度羞赧，有人大方。然後牧師問出一個簡單的問題：「你願意接受主耶穌基督成為你的救主嗎？」

回答是：「我願意。」此時受洗者走入水中，由兩位強壯的男士抓住頭腳，把整個人浸到水裡。舊的人生就此死去，出水來到新生。他們再次站直，全身溼透，領回假牙和眼鏡，到廚房擦乾身子。

洗禮十分受歡迎，儀式結束後總會有一頓馬鈴薯派和碎肉的餐點。

以琳教會不為嬰兒受洗。洗禮只提供成人或快要成年的人，而我當時十三歲。只有把生命交託給耶穌並瞭解箇中意義的人，才能在以琳教會受洗。耶穌基督曾訓諭他的門徒必須誕生兩次，包括自然的出生及精神上的重生，這與異教及部落中有關生命起始的宗教儀式相同。在命運及情境所賦予的生命，與你所選擇的生命之間，一定要有一個跨

---

43 新聞片是源於歐洲的新聞紀錄電影節目，盛行於一九一〇至五〇年代。法國百代公司（Pathé）為出品該類型影片的電影公司之一。

44 曼哈頓計畫（Manhattan Project）是美國一九四二年起執行的原子彈研究及製造計畫，此計畫負責人之一是美國科學家羅伯特・奧本海默（Robert Oppenheimer, 1904-67），他有「原子彈之父」稱號。

45 出自聖經〈啟示錄〉第六章第十四節。

越的儀式，一種意識清醒的儀式。

有意識地選擇生命與生活方式，而不只是順應自然與機運，把生命當作動物與生俱來的賦予，是具有心理上的好處的。「重生」會激發你的自省與對意義的思索，心靈從而得到保護。

我知道，這整個過程很容易變成另一種死背的學習，變成並非出於選擇，而只要有答案，再怎麼笨的都好過提出一個誠實的質疑。但這個原則還是很好。我看過許多工人階級的男女，包括我在內，由於有了教會而過著更深刻、並且多少需要思考的生活。

這些人沒受過什麼教育，讀聖經可以讓他們動腦。他們在下班後見面，七嘴八舌進行討論。覺得自己隸屬於某件重大事情，這可以帶來和諧與意義。

生而為人，缺乏意義的人生絕非驕傲的動物沒有自我意識的表徵。我們不能只是吃、睡、狩獵與生育，我們是尋求意義的生物。西方的世界已捨棄宗教，但沒有棄守我們的宗教性的衝動。我們似乎需要某種更高的目的，某種生活的意義。徒有金錢、閒暇與社會進步還不夠。

我們應該找到新的方式來尋找意義。那將如何發生，尚且不明。

但是，對於阿克寧頓的以琳五旬教會成員來說，生命充滿奇蹟、徵兆、驚奇和實用目的。

由此萌生一九一五年從愛爾蘭的莫納亨郡展開的運動，雖說該運動的創始者喬治・傑佛瑞斯是威爾斯人[46]。「以琳」（Elim）之名來自聖經〈出埃及記〉第十五章第二十七節。摩西和以色列人跋涉過沙漠，人人痛苦而疲憊，渴望尋得神的徵兆。此時，突然之間，他們到了以琳，在那裡有十二股水泉、七十棵棕樹；他們就在那裡的水邊安營。

如果母雞不生蛋，那麼為牠禱告，隨後牠一定會下蛋。我們的復活節儀式總是保佑母雞，許多人都養雞。我們家的雞養在菜園裡，大部分人家養在後院。狐狸光顧養雞棚很快就變成一則撒旦鬼祟行徑的寓言。一隻不管你如何禱告都不肯下蛋的雞，就像耶穌

[46] 喬治・傑佛瑞斯（George Jeffreys, 1889-1962），創立以琳五旬教會（Elim Pentecostal Church）的英國牧師。

轉世的靈魂，是高傲而不事生產的。

如果你把洗過的衣服夾在晒衣繩上，然後下了雨，去找幾個虔誠信徒禱告，祈求美好乾爽的風。沒有人裝設電話，因此我們經常到彼此的家尋求幫助。可是溫特森太太不求助。她獨自禱告，而且是站著禱告，她比較像舊約聖經裡面的先知，而不是雙膝跪地的罪人。

她把受苦當作思慕。那逐漸成為她的皮膚，然後她便不肯脫下。她不肯使用止痛劑，在痛苦中死去。

對我和其他人而言，知道神就在身邊的這種確定感使得不確定性變得合理。我們沒有銀行存款，沒有電話，沒有車，沒有室內廁所，經常沒有毯子，沒有工作保障，錢也少得可憐。教堂是互助的地方，而且具有想像的可能。包括我在內，我不知道有誰感到受困或絕望。如果我們只有一雙鞋，如果發薪日前的星期四沒食物可吃，那會怎樣呢？

「你們要先求祂的國，這些東西都要加給你們[47]……」

很好的建議。如果神的國度是真正有價值的地方，不受日常現實與數字所拘束，如果這是你真心喜愛的地方……

在一個變得以工具主義掛帥而功利的世界，神的國度是一種象徵，而不是一個地方。

它代表愛對於權力、傲慢及金錢迷惑提出的挑戰。

週一晚上——婦女會
週二晚上——讀經
週三晚上——禱告會
週四晚上——兄弟會／百得牌工具
週五晚上——青年團
週六晚上——復興布道會（外地）
週日——全天

兄弟會的「百得牌（Black and Decker）工具之夜」是整修教會建築之夜，或者是協助某位弟兄家務的聚會。週六晚間的復興布道會則是一週的高潮，因為那通常表示要前往另一個教會，夏天的話就會是帳篷布道運動。

㊼出自聖經〈馬太福音〉第六章第三十三節。

我們教會有一頂巨大的帳篷，每到夏天會跟著榮耀布道活動四處跑。我父母在一個榮耀布道活動帳篷裡再次宣誓婚約，就在阿克寧頓高架橋下的一塊空地。

我母親愛極了榮耀布道活動。我不認為她真心相信她該相信的半分，而且她編造了很多神學理論。但我想，她和爸爸在帳篷裡找到上帝的那晚，使得她並未拿起一只小行李箱離家出走。

因此，每年當溫特森太太看到空地上的帳篷，聽到風琴彈奏〈順從我〉，她就會抓著我的手說：「我可以聞到耶穌。」

帆布的味道（北部的夏天總在下雨），為了會後活動煮的湯的味道，還有潮溼紙張上印有聖歌的味道，就是耶穌的氣味。

如果你想要拯救靈魂——誰不想呢？那麼帳篷簡直是最好的臨時建物。它是我們短暫一生的隱喻：沒有根基，容易被風吹垮。它是與自然元素之間的愛情故事，風一起，帳篷便翻騰，這裡有誰感到迷失孤獨？答案是：所有人。風琴正在彈奏〈耶穌恩友〉。

在帳棚裡，你與素不相識的人也能惺惺相惜。同在一頂帳篷下就是一種聯繫，當你看見微笑的臉龐，聞著香濃熱湯，隔壁的人問你貴姓大名，這時你很可能會想要得救。耶穌的氣味挺好的。

對我父母那一輩的人來說，帳篷與世界大戰有類似意義。它不是真實生活，而是脫離平日規則的一段時光。你們可以忘卻帳單和煩憂，你們有共同的目標。

我看見他們。父親身穿針織羊毛衫和針織領帶，站在帳篷入口與走進來的人一一握手，母親站在帳篷的走道中央，協助來賓尋找座位。

然後是我，發送歌詞單或是帶領合唱。福音教會唱很多合唱曲，精簡歡快的歌詞配上奮發的曲調，易於背誦。就像〈振作，汝乃上主聖徒〉。

這種矛盾不易理解，除非你親身經歷過。友愛忠誠，單純的快樂，善良，分享，在百無聊賴的鎮上每晚都有事做，以此抵抗教條的殘忍和悲慘嚴苛的禁忌，包括不菸不酒、禁止性愛（或如果你已婚，就盡量減少），不准看電影（除了由卻爾登・希斯頓飾演摩西的《十誡》）。不准讀宗教文學以外的書，禁止華美衣著（反正我們也買不起），不准跳舞（除非在教堂裡跳著展現神聖狂喜的愛爾蘭吉格舞），禁止流行音樂，不准玩撲克牌，不准上酒吧，進去喝柳橙汁也不行。可以看電視，但禮拜天不行。禮拜天要把電視機用布遮起。

但我喜歡學校假期碰上榮耀布道活動的時候。你可以騎單車三、四十英里到帳篷所在地，有人會發給你一根香腸或是一塊派餅，然後是聚會時間。幾小時後，所有遠道而來的人都會鑽進睡袋，睡在地面。接著我們再騎車回家。

溫特森太太自己搭長途巴士過來，這樣她才能抽菸。

有一天，她把妮莉阿姨一起帶來。她們都抽菸，但相約不告訴任何人。妮莉阿姨一直是美以美教會（Methodist）的成員，但她改變心意。她雖然未組家庭，不過大家都叫她妮莉阿姨。我還以為她生來就叫那個名字。

她住在上一下一的簡陋公寓，是石造的工廠住宅，與另外兩戶人家共用屋外廁所。廁所十分乾淨，戶外廁所理應如此。而且有一張女王伊莉莎白二世年輕時身穿軍裝的照片。有人在牆上塗鴉寫著：願上帝保佑她。

妮莉阿姨與其他人共用那間廁所，但她在戶外有自己的水龍頭供應冷水，室內有一個燒煤的鐵灶，灶上有個很大的錫製茶壺，還有一個笨重的熨斗。我們猜想她還在用那支熨斗壓平衣服，晚上則把熨斗放床上暖床。

她未婚，O型腿，捲髮，瘦骨如柴，彷彿從沒吃飽。她每次出現一定穿著大衣。

那些女人來把她搬出去時得剪開她大衣的釦子才能脫下。她們說，與其稱它為花呢大衣，倒不如說是皺褶鐵皮片。

然後我們發現她穿羊毛的內裡，包括緊身胸衣、羊毛褲襪，還有一種拼湊縫綴而成的襯裙。我想這些年她應該是把碎布縫縫又補補的。她脖子上有條厚厚的男用絲巾，隱藏在大衣底下，那條圍巾頗為貴重，啟人疑竇。難道她有心上人？

若她真有心上人，一定是在戰爭期間。她的朋友說，每個人在戰爭期間都有個愛人，不管已婚未婚，那時就是如此。

不管那時或更早之前情況如何，但現在她穿戴圍巾與內衣，外披大衣，沒別的了。沒有洋裝，沒有裙子，也沒有上衣。

我們懷疑她是不是最近病得太厲害才沒有好好穿衣服，可是她仍能去教會及市場走動。沒有人知道她的年紀。

這是我們第一次有人上樓。

小房間裡空蕩蕩。有一扇很小的窗戶貼滿報紙保暖，地板上有塊碎布毯，自己用棉布條做的那種，它們的表面粗糙，躺在地上像隻喪家之犬。

有一個鐵床架上頭堆放了一團絨被，那種被子只塞進一隻鴨的羽毛量。

有一張椅子，椅上有一頂蒙塵的帽子。有個夜用的尿桶。牆上有張照片，是妮莉阿姨年輕時穿著黑白圓點洋裝的模樣。

有個櫥櫃，櫃裡有兩套補綴過的乾淨內衣，兩雙乾淨的厚毛褲襪。那件圓點洋裝用牛皮紙包起來掛著，衣服腋下縫了吸汗墊，從前還沒有體香劑時都這麼做。晚上洗褲襪時，就能把襯墊一起洗了。

我們找了又找，但其實那裡沒什麼地方可翻。妮莉阿姨一直穿著大衣，因為她沒有衣服。

那些女人清洗她的身體，把她穿進那件圓點洋裝。她們教我怎麼把一具屍體整理得好看。這不是我見過的第一具屍體，我曾坐在已死的外婆旁邊吃果醬三明治，那是一九六〇年代的北部地方，就算棺材打開放在家裡三天也沒有人在意。

但是，觸摸屍體就很奇怪了。我到現在還是這麼覺得。皮膚變化極快，每個部位都已收縮。但我實在不願意放棄我所愛的人，把屍體交給陌生人清洗穿衣。這是你能為某人做的最後一件事，也是你們能夠一起完成的最後一件事。以你們兩人的身體合力完成，就像從前。所以不行，這可不能交給陌生人來做……

妮莉阿姨不可能有多少錢。她每個禮拜把附近的孩子找來擠進她那間客廳兩次。她煮洋蔥湯或馬鈴薯湯，每個孩子都帶自己的杯子來，她從爐子上舀出熱湯。

她教他們唱歌，給他們講聖經故事。三、四十個瘦骨如柴、飢腸轆轆的小孩在外頭排隊，有時也帶來他們母親給的東西（餐包或太妃糖）與大家分享。他們身上都有虱子卵，他們都很愛妮莉阿姨，她也疼愛孩子們。她把那間陰暗潮溼、只有一扇窗和黑色牆面的小屋取名為「陽光角落」。

這是我學習愛的第一課。

我需要愛的教學。我現在仍然需要，因為沒有任何事比愛更單純，也更困難。

孩子總想從父母那裡得到無條件的愛，但鮮少如願。我從不曾擁有愛，我是個生性緊張又有戒心的小孩，甚至是個小流氓，因為沒人敢打我，也沒有人會看見我哭。我在家裡無法放鬆，沒辦法在一個有別人同在的喧擾空間裡遁入自己的世界。我能怎麼辦？亡者在廚房遊蕩，老鼠偽裝成靈異物質，鋼琴聲音突然響起，有時還冒出左輪手槍，母親像山巒那樣永遠盤踞，還有可怕的就寢時間。如果父親值夜班，她就爬上床鋪睡覺，那表示她會整晚亮著燈，閱讀末日之說，天啟就在不遠處，嗯，家真的算不上是可以放鬆的地方。

大部分孩子長大過程中都有過經驗，在聖誕節留點東西送給從煙囪下來的聖誕老人。

我則曾經製作禮物給天啟四騎士。

「媽，會不會是今晚？」

「別問喪鐘為誰敲。」

溫特森太太的字典沒有撫慰人心。想從她那裡確認什麼，絕對會落空。我從沒問過她愛不愛我。在她還有能力愛的日子裡，她曾經愛過我。我確信她已經盡力。

當愛不可靠，而且你還是個小孩，你會認定愛的本質——它的特質——就是不可靠。孩子要到很後來、很後來才會發現父母的過錯。你一開始得到什麼樣的愛，就設定了愛的基準。

那時的我並不知道愛能夠持續，不知道人的愛是可以依賴的。溫特森太太信仰的是舊約聖經的上帝，祂要求「子女」絕對愛戴，卻只想把他們淹死（諾亞方舟），祂想殺掉那個惹祂發狂的人（摩西），還任由撒旦毀滅最不該受責罰的人（約伯）。把這樣的神當成你的榜樣，也許對愛有害。

沒錯，上帝藉著與人們的關係重塑並改善了祂自己。但溫特森太太可不是與人互動的那一型，她從來不喜歡人類，也從來沒有重塑或改善自我。她總是把我擊倒，然後用輕鬆的方式彌補。把我鎖在門外的隔天，我們常在晚上散步到炸魚薯條店，坐在店外長椅吃著用報紙包的炸魚薯條，看人來人往。

我在人生大部分時候的表現也大致如此，因為我學到的愛就是這樣。再加上我的狂野與強烈，於是愛變得很危險。我從不嗑藥，我嗑的是愛——瘋狂而不計後果的那種，毀滅大於療癒，心碎多於健全。我吵架、打人，隔天又試著求和。然後我隻字不留就離開，毫不在乎。

愛生動而鮮明，我從來不要蒼白虛弱的愛。愛是用盡全力，我從來不要稀釋的愛。我不曾閃躲愛情的巨大，但我不瞭解愛如何能像太陽一樣可靠，每天固定升起。

妮莉阿姨在湯裡注入了愛。她不要求感激，也不是在「做好事」。她每個禮拜二和禮拜四用愛餵養她能找來的每一個孩子，就算天啟四騎士拆毀了戶外廁所，騎進廚房的石子地板，他們也會得到熱湯款待。

我有時會去她的小屋，但從沒仔細想過她所做的事。直到很久以後，當我再次學習去愛，我才開始思考那種持續性的單純及箇中意義。如果我有孩子，也許會更早明白，但我或許會用使我受傷的方式也傷害自己的小孩。

學習愛，永遠不遲。
卻令人害怕。

在教會，我們每天都會聽到愛，有一天的禱告會後，一個比我年長的女生吻了我。那是我對肯定及欲望的初次體驗。我十五歲。

我墜入戀愛——還能怎麼辦？

我們就像一般的小情侶，就是羅密歐與茱麗葉的年齡與模樣。我們一起閒晃、幽會，在學校傳紙條討論怎麼逃跑，然後開一家書店。我開始在她家過夜，因為她母親上夜班。有天晚上，她到瓦特街和我過夜，事情不太尋常，因為溫特森太太很討厭訪客。

但海倫來這裡過夜，晚上我們同睡一張床。我們睡著了，母親帶著手電筒進來。我還記得我們的臉被手電筒的光線探照而醒過來，那光線像車頭燈，先照過海倫的臉，再移到我臉上。手電筒光線往下探照窄小的床，然後照向窗外，像是某種信號。

它的確是一個信號。那信號出現在世界末日。

溫特森太太是末世論者。她相信末日，也做了彩排演練。我們在家中的情緒總是處在邊緣狀態，情況常常走到絕處，無可挽救。抓到我偷錢時，她說：「我以後絕對不會再相信妳了。」她果真不再相信我。發現我寫日記，她說：「我和母親之間從來沒有祕密……但我不是妳的母親，對吧？」此後她就再也不是了。我想要學習彈奏她的鋼琴，她說：「等妳放學回家，我早把它賣了。」而她當真這麼做。

但我只要躺在床上假寐，裝作沒看見手電筒的光，再次埋進海倫的氣味之中，我就能相信什麼事都沒發生。因為事實上也的確沒事。就當時而言。

我並不知道她讓海倫留下來過夜就是為了蒐證。她攔截到一封信，看過我們牽手，看過我們注視彼此的樣子。她的心靈墮落，那裡沒有一點空間容得下我們創造的自由純淨天地。

隔天早上，她絕口不提，過了一陣子仍沒開口。她很少對我說話，經常隱遁在自己的世界裡。一切就像空襲來臨前的平靜。

然後，空襲就來了。

那是個尋常的週日上午禮拜儀式。我稍微遲到，卻發現所有人都在看我。我們歌唱，祈禱，然後牧師說了：信徒之中有二人犯下可憎之罪。他讀著聖經〈羅馬書〉第一章第二十六節的段落：女人把她們順性的用處變為逆性的用處……

他一開講，我就知道接下來會發生什麼事。海倫哭了，跑出教會。我被要求跟著牧師走。他很有耐心。他很年輕。我不覺得他想要找麻煩。但溫特森太太想，後面還有不少長老助陣。這裡將要進行一場驅魔儀式。

沒有人相信，虔誠如我竟會發生性關係，而且還是和一個女人。一定是惡魔幹的好事。

我說沒有惡魔。我說我愛海倫。

我的反抗使事情變得更糟。我根本不曉得自己有惡魔，但海倫立刻找出她的惡靈，頻頻說，是的，是的，是的。我恨她那麼做。愛情就那麼沒價值，說放棄就放棄嗎？是的。教會裡的人犯了一個錯，他們忘記我渺小的人生一開始就準備要放棄。我出生的時候愛沒有持續，而它正在被撕裂。我不願相信愛是這麼脆弱的東西。海倫放開它，所以我抓得更緊。

爸爸和驅魔儀式無關，但他並未加以阻止。他在工廠加班，是母親讓那些長者參與這場祈禱與離棄惡魔的儀式。他們禱告。我則得離棄魔鬼。他們做他們的。我可不。

魔鬼應該要突然蹦出來，也許讓布幔著火，或是飛進狗兒體內，牠會口吐白沫，然後遭到勒死。我們還知道魔鬼偶爾會附身於家具。有一臺收音電唱機裡面有個惡魔，那可憐的女人每次轉到〈恩頌之歌〉，就只聽得到細碎發狂的爆裂聲。它的真空管被帶去祈福，再把真空管裝回去時魔鬼消失了。說不定是焊接出了問題，不過沒人這麼說。

魔鬼腐化食物，潛伏在鏡子裡，混雜在罪惡淵藪的人群之中，酒店和賭場。他們還喜歡肉店。那兒充滿血腥……

我被鎖在簾幕緊閉的會客室裡，三天沒有食物和暖氣。我很確定我沒有惡靈。不過三天來接受輪流禱告，只准許我一次睡幾小時、不給睡長覺，我開始相信我心中充滿了地獄。

這項嚴峻的制裁施行到最後，我依然固執，因此其中一位長者再三毆打我，說我難道不知道自己違逆了上帝規劃的正常性關係？

我說，我母親不肯和父親同床，那算是正常的性關係嗎？

他推我跪下，要我為那句話好好悔悟。我感覺得到他長褲底下凸了起來。他強吻我。他說這比和女孩子接吻更好，而且是好很多。他把舌頭伸到我嘴裡。我咬下去。流出血。血流如注。眼前昏黑。

我醒來，人在自己小房間的床上。那是母親拿到一筆補助金後從浴室隔出來的小間。我喜愛我的小房間，但這裡不安全。我的心清明澄淨。或許是飢餓所逼，但我確知該怎麼做。我會按照他們所有的要求，但只是表面如此。我會在內心打造另一個自己，他們看不見。就像焚書事件以後那樣。

我起床。有食物，我吃掉。母親遞給我阿斯匹靈。

我說我很抱歉。她說：「骨子裡生什麼，就會帶進骨髓。」

「妳是說我生母嗎？」

「她十六歲就和男人跑了。」

「妳怎麼知道？」

她不回答，只說：「白天和晚上妳都不准出這棟房子，直到妳保證不再和那個女孩見面。」

我說：「我保證不再和那個女孩見面。」

當晚，我去了海倫家。漆黑一片。我敲門，無人回應。我等了又等，過了一會兒，她從後面繞出來，倚在刷白的牆邊，不肯看我。

他們有沒有傷害妳？她說。

有。他們有傷害妳嗎？

沒有……我全招了……我們的所作所為……

那是我們的事，和他們沒關係。

我得告訴他們。

吻我。

我不行。

吻我。

別再來了。拜託別再來找我了。

我繞遠路回家，以免被任何人撞見我從海倫家回來。薯條店開著，我身上的錢還夠。我買了包薯條，坐在牆上。

就是這樣了。沒有希斯克里夫，沒有小凱瑟琳[48]，沒有羅密歐與茱麗葉，沒有愛情如道路，一條接著一條延伸跨越世界。我以為我們可以去到任何地方。我以為我們是地圖和地球，路徑和羅盤。我以為我們是彼此的世界。我以為……

---

[48] 希斯克里夫與凱瑟琳是小說人物，英國女作家艾蜜莉・勃朗特（Emily Brontë, 1818-48）小說《咆哮山莊》（*Wuthering Heights*）裡擺脫上一代恩怨的一對戀人。

我們不是愛人。我們就是愛。

我對溫特森太太這麼說，不是那時候，而是後來才說的。她瞭解。對她說這種話很糟糕，所以我才要說。

但那天晚上只有阿克寧頓，只有街燈、薯條、公車，還有緩慢的歸途。阿克寧頓的公車都漆成紅、藍和金色，是蘭開夏東部軍團**阿克寧頓伙伴**（Accrington Pals）的顏色，那軍團出了名的人少、勇莽又注定失敗。他們在索姆河戰役中被殲滅。公車的擋泥板仍然漆成黑色，以示尊崇。

我們一定要記得。我們絕不能忘。

妳會寫信給我嗎？

我不認識妳。我不能認識妳。請別再回來了。

我不知道海倫現在怎麼樣了。那之後，她去念了神學，嫁給一個退伍軍人，那人正在受訓成為傳教士。我見過他們一次。她看起來一絲不苟又神經質。他則冷酷又無趣。不過我當然會這麼講，對不對？

驅魔儀式之後，我進入一種無聲的悲慘狀態。我帶著帳篷睡在菜園旁邊。我不想靠近他們。父親不快樂，母親混亂失調。我們就像逃離自己生命的難民。

7 阿克寧頓

我住在一條長長的街上，底端是小鎮，上方有山丘。

「此鎮東倚漢默頓丘山腳，往南則為哈斯靈頓山區。三條河從山中流下，分別流向西、西北及北，匯流於老教堂附近，再往西流向辛德本。此鎮地勢沿著克里瑟羅通往哈斯靈頓及南方的馬路，逐漸上升，接續華里路、愛比街與曼徹斯特路。」

摘自《蘭開斯特郡史：第六冊》，威廉・費勒與布朗比爾合編，一九一一

阿克寧頓初次被文獻提及，是在一〇八六年完成的人口及地理調查報告《末日審判

書[49]》。當時，此地似乎是個橡樹環繞的地方，土質是重黏土，適合橡樹生長。野草叢生，只能牧羊，不能耕種。但如同蘭開夏的其他地區，阿克寧頓靠棉花賺錢。

詹姆斯·哈格里夫斯是蘭開夏地方的文盲，他在一七六四年發明了珍妮紡紗機[50]。他在阿克寧頓受洗、結婚，不過他其實來自奧斯華威索（Oswaldtwistle，讀音是歐索—特威索）。一臺珍妮紡紗機的產量能抵八臺紡車，的確開啟了蘭開夏的紡織業，使之起飛並掌握全球棉業。

沿著阿克寧頓延伸出去的長路一直走，下一個人口聚集之地就是奧斯華威索，那裡被認為是傻子和蠢蛋住的地方。我們管它叫「煤塊之地」。我小時候，那裡有個製造狗餅乾的工廠，貧窮的孩子經常在廠外徘徊，等著拿整袋裝的餅乾碎塊。如果你在狗餅乾上頭吐點口水，再沾點糖粉，吃起來就和正常餅乾沒兩樣。

我們讀的文理女校常嚇唬人，讓我們以為未來會淪落到煤塊之地的狗餅乾工廠度過

---

[49]《末日審判書》，征服者威廉（William the Conqueror）為利統治英格蘭，於一〇八六年所完成的大規模地區及人口調查。

[50] 哈格里夫斯以小女兒珍妮為新型紡紗機命名。

餘生，這仍無法阻止那些家境窮一點的女孩帶狗餅乾來學校。問題在於那個骨頭形狀很容易辨識，有一陣子，學校還祭出「禁止狗餅乾」的規定。

母親是勢利眼，她不喜歡我和來自奧斯華威索的狗餅乾女孩鬼混。事實上，她不喜歡我和任何人在一起鬼混，她常常說：「上帝要我們保持距離。」聽起來似乎是指遠離所有的人事物，只有教會除外。在一個人人知道彼此一切的北方小鎮上，保持距離得要全天候進行。反正母親需要找事做。

我們走過渥華氏百貨公司，她說「罪惡淵藪」。經過馬莎百貨[51]，「猶太人殺害了耶穌。」經過殯儀館和肉派店，「他們共用一個烤爐。」經過餅乾鋪和圓臉老闆，「亂倫。」經過寵物店，「獸性。」經過銀行，「高利貸。」經過市民諮詢處[52]，「共產黨徒。」經過日間托育所，「未婚媽媽。」經過髮廊，「虛榮。」經過一間當鋪，母親有次拿她剩下的純金假牙去典當，最後走到一家叫權貴（Palatine）的餐館吃烤豆吐司。

母親很喜歡到權貴餐館吃有烤豆的吐司。那是她奢侈的享受。她平日存錢，好讓我們在上市場的日子來這裡打牙祭。

阿克寧頓市場是個生氣蓬勃的大型市場，分為室內和露天兩區，各個攤位堆放著骯髒的馬鈴薯和大顆捲心菜。有些攤商索性把家用清潔劑擺在大盆子裡頭賣。沒有包裝，你直接挑自己要的那幾瓶漂白水和鹼性小蘇打。有個攤位只賣蛾螺、螃蟹和鰻魚，還有一攤賣紙袋裝的巧克力餅。

你可以來市場刺青，買金魚，還可以用比髮廊少一半的價錢理髮。攤販叫賣喊價：「我不賣妳一個，我不賣妳兩個，我用一個的價錢給妳三個。這位太太說什麼？用兩個的價錢買七個？妳有幾個小孩？七個嗎？老公知道嗎？什麼？都是他搞出來的。走運的男人。妳要的東西在這兒，我死了可要為我禱告……」

他們也展示貨品。「這玩意兒可用來清——掃！還可以吸——塵。它可以讓窗簾頂端和烤箱後面都清潔溜溜。統統都吸進這個管嘴裡。這位太太說什麼？妳覺得我這根管嘴不好看嗎？」

阿克寧頓的第一家超市開張的時候根本沒有人想去，因為那裡的價格或許比較低，卻是不二價。市場裡面的價錢沒個準。你能討價還價，那是樂趣之一，就在日常生活的劇場之中。攤位是他們表演的舞臺。即使你窮到要等快打烊才能買食物，還是可以在市

---

❺❶ 馬莎百貨（Marks & Spencer）的創辦人之一，麥可・馬克斯（Michael Marks），出身猶太家庭。

❺❷ 市民諮詢處：英國各地方政府為民眾設立的免費法律諮詢服務處。

場找到樂子。那裡有你認識的人，也總有東西可看。

我並不熱愛超級市場，也討厭在那裡買東西，就連貓食、垃圾袋等別處買不到的物品我也不愛去超市買。我不喜歡超市，很大的原因在於它缺乏生命力。現代生活的單調無感，不僅在於無趣的工作和無聊的電視；還在於失去了大街上的生命力。流言、偶遇，人不論貧富都可在沉重、混亂而嘈雜的一天裡擁有一席之地。若你沒錢在家吹暖氣，大可走進市場大樓。遲早會有人請你喝杯茶。一切就是這麼自然。

溫特森太太怕別人看見她四處比價。她把這差事留給爸爸，自己則好整以暇走進權貴餐館。她和我面對面坐在暖呼呼的窗內，邊抽菸邊思考我的未來。

「妳長大後會去當傳教士。」

「我要去哪裡？」

「遠離阿克寧頓。」

我不懂她為何這麼討厭阿克寧頓，但她就是討厭，可她沒有離開。我離開時，彷彿讓她得到解脫，同時又背叛了她。她熱切希望我能自由，又盡她所能阻止這件事情發生。

阿克寧頓沒有太多知名物事。它擁有全世界最爛的足球隊，阿克寧頓史丹利隊；這裡收藏了數量很大的蒂芬尼（Tiffany）玻璃藝品，由喬瑟夫・布利格斯（Joseph Briggs）捐贈，他是阿克寧頓人，離鄉後為蒂芬尼公司工作，在紐約闖出名號，發了財。

如果說紐約傳了一些東西來阿克寧頓，那麼阿克寧頓就送了更多東西過去紐約。傳去的東西千奇百怪，其中，阿克寧頓曾製造世界最堅硬的磚頭。這裡的重黏土藏有鐵礦，使磚塊帶有易於辨識的鮮紅色，也出了名的堅固。

此地出產的磚塊叫作「諾利磚」，因為有人說它們堅硬如鐵，且不小心把「鐵」字在磚頭上印反[53]，因此它們就稱諾利磚。

成千上萬塊磚頭運到紐約，為一千四百五十四英尺高的帝國大廈打造地基。想到電影《金剛》就想到阿克寧頓。正是諾利磚讓大猩猩站在那裡搖晃女主角菲・瑞[54]。我們

---

[53] 「鐵」，英文為 iron，倒過來拼字就變成「nori」，即「諾利磚」名稱由來。

[54] 菲・瑞（Fay Wray），加拿大女演員，曾在電影《金剛》擔綱女主角。

曾在鎮上的小電影院特別放映《金剛》，也總會播放新聞影片介紹磚頭。這裡沒有人去過紐約市，不過人人對於這個舉世最現代的都市感到與有榮焉，它擁有站在阿克寧頓磚上的世界最高建築。

這款名磚在英國國內也有一席之地。包浩斯派建築師瓦特．格洛皮爾斯（Walter Gropius）用諾利磚打造他在英國唯一的住所，位於倫敦的切爾西區老教堂街六十六號。格洛皮爾斯的作品不若帝國大廈常被提起，但眾人皆知。我們在阿克寧頓還是有值得驕傲的事。

從工廠和棉業賺來的錢蓋了市場大樓、鎮公所、維多利亞醫院、技工會館，後來，一部分的錢蓋了公立圖書館。

現在來看，要摧毀一間圖書館並不難。把所有書移走，再宣稱書本和圖書館與人們生活關係不大，就差不多做到了。如今許多人談到社會的崩壞疏離，然而，如果在我們追求進步的想法之中，排除了這些曾發揮強大維繫作用的中心，社會如何能夠不崩解？

在北部地方，人們相約在教堂、酒吧、市場及那些慈善捐贈的處所見面。在那裡，他們得以繼續學習、培養興趣。現在也許還有酒吧，但大體上都已不復存在。

圖書館是讓我通往他方之門。但還有其他的門，並非華美之地或公眾場所，而是低下隱密之處。

阿克寧頓高架橋下有個販賣廢棄雜物的二手商店，是最後一個還與十九世紀拾荒店[55]有關的地方。那裡有輛拾荒貨車，每週都在街上穿梭，人們把不要的東西丟上車，再討價還價把自己想要的東西帶走。我從不知道那人的名字，但他有隻梗犬，名叫尼普，站在拾荒貨車車頂吠叫，守護雜物。

高架橋下有一道重重關起的監獄級鋼門。入了門內，你會走進一條乾癟的走道，掛著半死的馬毛墊。拾荒人把它們像生肉那般掛在賣肉吊鉤上，把鉤子插進鋼製彈簧。繼續前進，走道中斷，進入一個朝你臉上喘氣吐煙的小房間。喘氣來自一臺暖爐，那臺機器憤怒地吐氣噴火，拾荒人拿它來取暖。

他的店是那種會販賣戰前使用的嬰兒車的地方，車輪有磨石那麼大，還有一片套上帆布罩的鋼架。帆布發霉又破損，有時他會在罩子下方放個娃娃，陶瓷製的頭，發亮的眼睛透出邪惡警戒之氣。他有幾百張椅子，其中多數都像戰後餘生那般缺了一條腿。他有個生鏽的鳥籠、一些禿頂的填充動物玩偶，還有織毯、小輪腳推車、錫製浴缸、洗衣

---

[55] 英國十九世紀出現拾荒人，以回收為業，駕著馬車四處蒐集、裝載廢金屬、家具及各種雜物。

板、軋衣機[56]和便盆。

如果你從那些維多利亞式滾邊的標準桌燈、孤零零的拼布床罩中間找到出路，如果你爬過缺了門板的胡桃木櫃，和裁去半截的教堂長椅下方，如果你能把自己擠扁，穿過乾熱窒息仍染有肺結核的被單墳墓堆和鬼魅般高掛的床單，那些布來自一排排睡在粗布袋裡的失業者，他們一一賣掉全部家當，每一塊布都慘然滴著水。然後，如果你能夠從僅剩一輪的孩童三輪車、鬃毛掉光的馬頭竿，以及連交叉皮繩也髒掉的乾癟皮製足球[57]之間擠過，你會來到書本區。

一九二三年出版的《講不停年刊》。一九一五年出版的《黑娃娃新聞報》、一九一一年的《男孩帝國》、《女孩帝國》……一九一三年的《星界》、《如何養豬》、《如何持家》。

我好愛那些書，生活如此簡單，你自己決定想要養什麼——牲畜、家園、妻子、蜜蜂。書本告訴你怎麼做。令人充滿信心……

在這裡面有狄更斯、勃朗特三姊妹和沃爾特．司各特[58]爵士的全部作品，像是熊熊燃燒的樹叢。它們很便宜，我全買了。我下工後，來到他兔窩似的儲藏間裡，知道他的店還開著。他用一臺收音電唱機播放古早的歌劇唱片，唱機上有膠木旋鈕，還有唱針臂會自動往下探觸旋轉的黑膠唱盤面。

我的生命沒你會如何？
若你死去，生命有何意義？
何為生命，倘若無你？
何為生命，失去愛人？
尤莉迪絲！尤莉迪絲！

歌者是凱薩琳・費莉亞59。這位女低音在布萊克本出生，距離阿克寧頓五英里處。

這位接線生曾獲歌唱大賽，與瑪麗亞・卡拉絲齊名。

溫特森太太去過布萊克本鎮公所聽凱薩琳・費莉亞唱歌，也喜歡用鋼琴彈奏凱薩琳・

56 一種手搖壓軋衣服的機器，舊時用以碾乾衣服。
57 早期的足球上有皮製繩帶，充氣後把繩帶綁緊。
58 沃爾特・司各特爵士（Sir Walter Scott, 1771-1832），英國歷史小說家及詩人。
59 凱薩琳・費莉亞（Kathleen Ferrier, 1912-53），英國傳奇女低音聲樂家，出道之前，由於家道中落而輟學，曾當電話接線生。葛路克的歌劇《奧菲歐與尤莉迪絲》即為她的代表劇碼。瑪麗亞・卡拉絲（Maria Callas, 1923-77），美籍希臘裔女高音，史上最具影響力的歌劇女伶之一。

費莉亞的曲子。她經常用自己的風格唱那首出自葛路克《奧菲歐》的著名詠嘆調：〈我的生命沒你會如何？〉。

我們沒有時間思考死亡。戰爭、天啟再加上永生，使死亡變得荒謬。死／生。只要你還有靈魂，生死又有何干？

「爸，你殺了多少人？」

「我不記得。二十個。我用刺槍殺了六個。他們把子彈發給軍官，但我們沒有。他們說，『我們沒子彈，把刺槍綁好了。』」

諾曼第登陸，我爸爸活下來。他的朋友沒有一個存活。

先前在第一次世界大戰中，基欽納勛爵[60]認為，軍中同袍若本來就是朋友，會是更好的戰力。阿克寧頓派遣了七百二十人的阿克寧頓好兄弟去到法國塞禾。他們在我住的那條街頭山丘上受訓之後英勇出戰。一九一六年七月一日，索姆河戰役，他們排成隊伍穩穩前進，被德軍機關槍掃射倒也不退縮。其中有五百八十六人死傷。

我們坐在拾荒店裡的唱機旁，那男人給我讀了一首關於死亡士兵的詩。他說作者是威爾弗雷德．歐文，詩人年紀輕輕卻在一九一八年遭到殺害。我現在記得詩的開頭，當時卻記不得……但我忘不了結尾……

他眼中／清冷的星光發亮，極久遠而淒涼／已在別處的天空❻❶。

（And in his eyes / The cold stars lighting, very old and bleak / in different skies.）

我夜晚經常在外。正走路回家，或被鎖在門外的階梯上。所以我花了很多時間仰望星空，想像如果身在阿克寧頓以外，星星看起來是否相同。我母親的眼神就像清冷的星光。她屬於別處的天空。

有時她會徹夜不眠，在早晨等街頭小店開張，做雞蛋奶油醬。雞蛋奶油醬出現的早

❻⓿ 基欽納勛爵（Lord Kitchener），曾在第一次世界大戰期間擔任英國總參謀長。

❻❶ 威爾弗雷德·歐文（Wilfred Owen, 1893-1918），英國軍官及戰爭詩人，在第一次世界大戰軍事行動中被槍殺。此處出自他的詩作〈我看見他深紅圓脣〉（I Saw His Round Mouth's Crimson）。

晨總讓我發慌。我放學回家，家裡一定無人。爸爸上班，而她搞失蹤。於是我就繞到後巷，翻過牆，看她是否把後門開著。她搞失蹤的時候通常會這麼做，雞蛋奶油醬以布蓋好，放在那裡，布上有一點錢，讓我去店裡買塊派餅。

唯一的問題在於門全都鎖著，也就是說我得再次翻牆買派餅回來，並祈禱翻牆進來時不會把餅壓壞。我吃洋蔥馬鈴薯派，洋蔥肉派留給爸爸回家後吃。

商店的人都曉得她又搞失蹤了。

「她明天就會回來，康妮會的。她每次都會回來。」是真的。她每次都會回來。我從來沒問她去了哪兒，至今仍不知道。我也從來沒吃雞蛋奶油醬。

阿克寧頓有許多街頭小店。前面的空間開店，店家就住樓上。麵包店、派餅店、蔬菜店，有的商店會把糖果裝進罐子裡頭賣。

最棒的那家糖果店由兩位女士經營，她們可能是一對戀人。其中一位挺年輕，較年長的那位老是戴頂羊毛頭罩。不是全臉式的，反正就是一頂頭罩。她有一點細細的鬚。不過那個年代很多女性都有細鬚。我從沒見過誰刮除體毛，自己也從沒想過要除毛，一直到我帶著狼人般的外表出現在牛津。

但我推測母親看過電影《修女喬治的雙重生活》[62]，片中，貝蘿．萊德飾演一個大嗓門又厚臉皮的男人婆，殘忍凌虐她那名叫雀兒蒂的金髮年輕女友。那是一部引起騷動的重要電影，但它不太可能說服溫特森太太贊成同志權利。

她喜歡上電影院，雖然那是不允許的，雖然她負擔不起。每一次經過歐迪恩戲院，她都會仔細看海報，有時候她搞失蹤，我就想她是去了歐迪恩。

不管她失蹤的真相如何，總之，某天開始，我被禁止去糖果店。這真是莫大打擊，因為那家店總會多給我幾個果凍寶寶軟糖。我為了這事糾纏溫特森太太，她說她們在搞違反自然的事。我還以為是指她們在糖果裡面放化學原料。

---

[62] 一九六八年電影，此電影描述一個在肥皂劇飾演修女的女演員與同居女友的感情和事業危機。

我也不能再踏進我也喜歡的其他小店，像是外賣店，現在叫作外牌店[63]，會有戴頭巾的女人提網袋上那兒買幾瓶黑啤酒。

雖然我被禁止去那些店，但溫太太是會去那些地方買菸的，而也經常差我去買。「跟他們說是妳爸要抽的。」

當時所有酒瓶都含押瓶費，可以退回空瓶。我很快就發現，退回的瓶子都存放在店面後方的條板箱裡，輕易就能拉出一、兩個再次「退瓶」。

外賣店裡滿是口出穢言、談論性愛、下注賽犬的男女，還有免費得來的退瓶錢，凡此種種，加上被禁止，使得這事充滿刺激。

我現在想來還是納悶。為何我可以進外賣店買香菸，從那對快樂相守的女人手上拿到額外的糖果卻有問題，即使其中一人總是戴著頭套。

我想，溫特森太太對快樂感到恐懼。耶穌應該使你快樂，但他沒有，如果你在等待從未發生的天啟，一定會感到失望。

她認為快樂意指壞／錯誤／罪惡。或愚蠢透頂。不快樂似乎與美德相連。

但也有例外。福音帳篷是個例外，皇家阿爾伯特是個例外，聖誕節也是。她喜歡聖誕節。

阿克寧頓市場大樓外一直有棵巨大的聖誕樹，救世軍[64]幾乎整個十二月都在那兒演奏聖誕頌歌。

以物易物的作業系統在聖誕時節全面展開。我們可以提供從菜園摘來帶莖的球芽甘藍，以報紙包裹的蘋果可做醬汁，最棒的是一年一度的櫻桃白蘭地，會從院子裡的酸櫻桃樹採下果實，放在通往納尼亞的櫥櫃裡浸泡大半年。

---

[63] 英國有兩種酒類販售執照，一種准許酒吧、餐廳等店內飲酒。另一種只允許店家販售瓶裝或罐裝酒，供顧客購買後帶出飲用。

[64] 救世軍（Salvation Army），基督教國際布道及社會服務組織，架構採用軍隊形式。

我們用這些東西去交換如碎玻璃般酥脆的燻鰻魚，還有一種放在布裡做成的布丁。這種布丁以特殊方式製成，硬如砲彈，點綴著水果，像顆巨鳥的蛋。把這種布丁切開，還可以保持片狀，我們淋上櫻桃白蘭地，然後點火。母親把它拿到客廳時，爸爸會熄燈。火焰照亮了她的臉。煤炭火點亮了我和爸爸。我們很快樂。

每年十二月二十一日，母親都會穿大衣戴帽子出門——不說去處。然後我和父親就會在客廳掛上我做的紙串，從客廳屋楣的各個角落到中央的燈都掛上。母親回來時似乎歷經了一場冰雹，但也許這是她個人心情的天氣。她帶回一隻鵝，一半裝在袋裡，一半外露，鵝頭鬆垮垂掛下來，像一場無人想起的幻夢。她把鵝和夢都交給我，我拔去鵝毛，丟進桶子。我們把羽毛存起，再把鵝毛塞進任何需要填充的東西，我們也把從鵝瀝出的厚厚鵝油儲著，烤洋芋過冬。除了溫太太有甲狀腺問題之外，我們認識的每個人都瘦如雪貂。我們需要鵝油。

每年只有聖誕節，母親外出走入世界時，世界看起來才不只是淚之谷。她打扮正式，來到我學校的音樂會。這表示她穿著她母親的毛皮大衣和一頂黑羽毛製的半帽。衣帽是一九四〇年左右的樣式，那時已是七〇年代，但她看起來還是很有派頭。她一直保持良好的姿勢，況且，整個北部直到八〇年代的流行都還落後，所以沒有人注意服裝是何年代。

音樂會頗有雄心壯志。上半場有幾首震懾人心的曲目，像是佛瑞〈安魂曲〉或〈聖安東尼合唱曲〉，需要合唱團及交響樂團傾盡全力，通常還得加上曼徹斯特哈雷交響樂團的一、兩位獨奏者。

我們有位音樂老師與哈雷交響樂團一起演奏大提琴。她是在那個特殊世代下另一個瘋癲而受困的女人。她們一半由於自己受困而發狂，一半由於受困而展現天才。她要女孩子們了解音樂，唱出來，演奏出來，絕不妥協。

我們好怕她。如果她在學校集會時彈鋼琴，會演奏拉赫曼尼諾夫，讓她的頭髮黑沉沉地垂落於史坦威鋼琴上方，而指尖總塗上豔紅蔻丹。

阿克寧頓女子高中的校歌是〈現在讓我們讚頌名人〉，一所女校唱這首歌真是糟糕的選擇，卻有助於我成為女性主義者。名女人在哪裡？其實該說任何女人在哪裡？為何不讚美她們？我暗自發誓以後要成名，回來接受讚揚。

似乎不太可能，因為我是個糟糕的學生，上課漫不經心又愛惹麻煩，成績年年不佳。

我無法集中精神，也不太懂學校講的東西。

我只擅長一件事：文字。我讀過的東西比誰都多，而且我懂得運用文字，就像有些男孩知道引擎如何運作。

但這天是聖誕節，學校燈火通明，溫特森太太身穿毛皮大衣和羽毛帽，爸爸沐浴，還刮了鬍子，我走在他倆中間，感覺一切正常。

「那是妳媽？」有人問。

「算是吧。」我說。

幾年後，我在牛津大學的第一學期結束，我返回阿克寧頓。那時下著雪，我走上那條從火車站延伸出來的長街，數著路燈桿。走近瓦特街兩百號時，還沒看見她人倒先聽到她的聲音。她背對窗戶和大街，身影挺直而巨大，正彈奏著她的新電子琴，曲子是〈在那淒冷隆冬〉，搭配爵士樂的即興重複和銅鈸鏗鏘。

我透過窗戶看著她。我總是透過窗戶。我們之間有一道障礙，透明卻真實──但聖經說我們對著鏡子觀看[65]是模糊不清，不是嗎？

她是我母親。也不是我母親。

我按下門鈴，她側轉過身。「來，進來吧，門開著呢。」

❻❺ 出自聖經〈哥林多前書〉第十三章第十二節。

8 啟示錄

溫特森太太不是好客的人。如果任何人敲門，她會跑到門廊把火鉗從信箱往外戳。

我提醒她天使上門時多半經過偽裝，她說沒錯，但天使不會拿合成纖維製的衣服來偽裝。

某部分的問題在於我們沒有浴室，而她為此感到丟臉。家裡有浴室的人並不多，但我不准帶學校的朋友回家，以免他們想上廁所。這樣就得去外面，然後發現我們沒浴室。

其實那還不算什麼。異教徒去到屋外會發現比戶外通風廁所更大的挑戰在等待。

我們不准看書，但我們的世界充滿印刷文字。溫特森太太寫了很多勸世警句，貼得滿屋子都是。

我的外套掛鉤下有塊牌子寫著：**想想上帝，而非小狗**[66]。瓦斯烤箱上，麵包的外包裝上貼著字樣：**人不能只靠麵包過活**。但是在戶外廁所，你一進門就有一塊告示牌。站著的人會看到：**莫流連上帝之事**。坐著的人則會看到：**祂要將你的腸子如蠟融化**[67]。

這可是一廂情願的想法。我母親腸子有問題。那和我們不准賴以過活的白吐司片有點關係。

我上學時，母親會把聖經引句放進我的曲棍球靴。用餐時，每個盤子旁邊都會放一張從應許盒裡抽出來的小紙捲。「應許盒」裡裝著捲起來的聖經經文，就像你從聖誕拉炮[68]裡拿出的笑話，只不過應許盒裡拿出的東西再嚴肅一些。小紙捲直挺挺地站著，你閉上眼睛抽出一支。內容可能安慰人心：**你們心裡不要憂愁，也不要膽怯**[69]。也可能很嚇人：**他的罪必將追討，自父及子**[70]。

[66] 上帝（God），倒過來拼字就是為狗（dog）。
[67] 改自聖經〈詩篇〉第二十二章第十四節，原句為「我心在我裡面如蠟融化」。
[68] 聖誕拉炮是英國盛行的聖誕節玩具，啪地一聲拉開後，裡頭有紙皇冠、小禮物和一則笑話。
[69] 出自聖經〈約翰福音〉第十四章第二十七節。

不管內容令人開心或消沉，都是一種閱讀，而我就只想閱讀。我被文字餵養，把它們穿進鞋裡。如此一來，文字成了線索，一張接著一張，我知道它們會帶我去另一個地方。

溫特森太太只有在知道摩門教徒要來的時候才會去應門。她會等在門廊，在他們叩下門環之前她便飛快地開門，揮舞聖經，警告他們當心永遠的罪罰。這可把摩門教徒搞得一頭霧水，因為他們以為永遠的罪罰是由他們所掌管。但溫特森太太更適合這份工作。偶爾，她有心情社交時若有人敲了門，她會丟下火鉗，要我從後門跑到外頭巷子，從轉角偷窺是誰在街上。我帶著消息跑回來，接著她會決定是否讓他們進門。那通常表示我去開門時，她得花一番工夫使用空氣清淨殺蟲噴霧。通常到此時，訪客因無人應門早已準備打道回府，往街上走到半路，所以我得跑去把他們請回來，母親會裝作驚訝又開心。

我不在乎。這讓我有機會上樓去讀禁書。

我想溫特森太太曾在某時期大量閱讀。我大約七歲時，她曾念《簡愛》給我聽。這本書還算恰當，因為裡面有個牧師（聖約翰）十分熱中於宣教工作。溫特森太太翻著書頁，大聲朗讀：桑費爾德莊園發生一場惡火，使羅徹斯特先生失明，但溫特森太太念的故事版本裡，簡愛對於她盲眼的愛人漠不關心。她嫁給聖約翰，兩人一起四處傳教。直到我後來自己讀了《簡愛》[71]，才發現母親做了什麼。她講得如此巧妙，翻過書頁，臨時自創的內容甚至帶有夏綠蒂．勃朗特的風格。

這本書在我長大一點之後就不見蹤影。或許她不想讓我自己讀。

我想她應該是把書藏起來了，如同她藏匿其他一切，包括藏起她的心，我們的房子很小，但我遍尋不著。我們兩人是否都在屋內不斷搜索，尋找彼此的證據？我想是吧。她搜索，因為我對她而言是一種致命的未知，她怕我；我搜尋，是因為我不知道什麼東西不見了，但我能感覺到那個失落的存在。

我們圍困彼此，警醒而被遺棄，卻又充滿渴望。我們走向彼此，卻不夠接近，又徹

---

[70] 改自聖經〈出埃及記〉第二十章第五節及三十四章第七節，原句為「恨我的，我必追討他的罪，自父及子，直到三、四代」。

[71] 英國女作家夏綠蒂．勃朗特（Charlotte Brontë, 1816-55）小說《簡愛》（*Jane Eyre*）裡，女主角拒絕牧師聖約翰的求婚，後來嫁給她的愛人羅徹斯特，並生下一子。

底將彼此推開。

我的確找到了一本書，但我真希望不曾發現它；它被藏在高腳櫃裡一堆法蘭絨衣服下，一本五〇年代的性愛手冊，叫作《如何取悅你的丈夫》（*How to Please Your Husband*）。

這本恐怖的書大概可以解釋溫特森太太為何沒生孩子。書裡有黑白圖解、列表和技巧，大部分的體位姿勢看起來都像某折磨肉體的兒童遊戲廣告，叫作扭扭樂[72]。

當我思索異性戀的可怕之處，瞭解到我並不需要為父母感到遺憾。我的母親沒有讀那本書——也許翻開過一次，發現任務艱難，就把它丟在一邊。這本書嶄新平整而完好。因此，不管父親沒有性生活是怎麼過日子，我真的不認為他們做過那檔子事，他不用在和溫太太共度春宵時一隻手握陰莖，另一手拿著冊子讓她按圖索驥。

我記得她說過，他們婚後不久，父親喝醉酒回家，被她鎖在臥房外。他破門而入，她就把婚戒往窗外丟進水溝。他跑出去找戒指。她則搭上開往布萊克本的夜間巴士。這被當作是耶穌改善婚姻的優良實例。

母親唯一給過我的性教育是一道禁令：「絕不准讓男生碰下面。」我不懂她的意思。她似乎指著我的膝蓋。

如果我愛上的是男生而非女生，會不會比較好？大概不會。我進入了她恐懼的地方：她對身體的恐懼，進退兩難的婚姻，她母親因她父親粗野又花心所受的屈辱。性愛令她反感。而今，當她看到我，她只看到性。

我答應了她。再怎麼說，海倫已經走了。但我現在是個想要與他人裸身相對的人。我愛肌膚、汗水、親吻、高潮的感覺。我想要性愛；我想要親密。

一定還會有別的情人，這是避不掉的。對此她很清楚。她盯住我。而同樣無法避免的是，正是她促使這件事發生。

⑫ 扭扭樂（Twister）：一種兒童體能益智遊戲，地上鋪紙畫有不同色塊，隨遊戲指示把手腳放在紙上的指定位置，保持身體不傾倒者為贏家。

我考完普通水準考試[73]，考得很差。我通過五科，但有四科沒通過。我念的學校已關閉，改制為不提供六年級課程的綜合學校。這是工黨政府教育政策的一環。我可以去一所專科學校，繼續就讀進階課程，溫特森太太雖有抱怨，還是同意了，條件是我晚上及週六必須去市場打工賺錢回家。

我很高興能夠離開中學，有新的開始。沒人看好我會成材。我內心灼灼燃燒的地方，在他們看來似乎等同憤怒和麻煩。他們不知道我獨自在山上的漫漫長日中讀了什麼，又寫了什麼。從坡頂俯瞰鎮上，我想要比任何人看得更遠。這不是傲慢，是欲望。我滿懷欲望，對生命的渴望。

我很孤獨。

溫特森太太成功了。她自己的寂寞堅不可摧，開始把我們困在牆中。

夏天到了，是每年去黑潭[74]度假的時節。

這假期包括搭一趟長途巴士前往那知名的海濱小鎮，並在巷弄裡的出租公寓待上一星期——我們負擔不起有海景的房子。我母親坐在躺椅上閱讀有關地獄的煽情文學，父親則四處走。他喜歡走路。

到了晚上，我們全都坐在吃角子老虎機前面賭錢。這不算是真正的賭博。我們如果贏了錢，就有炸魚薯條可吃。

我小時候對於這一切感到滿足而快樂，我想他們在這個一年一度、為期一週，短暫而無憂的假期裡也是快樂的。但我們的生活變得更加黑暗。自從前一年的驅魔事件後，我們都病了。

母親開始成天躺在床上，一連好幾天，她要爸爸睡樓下，因為她說她在吐。

有段時間她發狂，日夜醒著，編織，烘焙，聽收音機。爸爸上班去，他別無選擇，但他不再動手做東西了。他以前會做黏土動物，上班時放進窯裡燒。現在他幾乎不說話。沒人說話。而度假的時候到了。

---

❼❸ 英國一九五〇至八〇年代實施雙軌學制，學生中學結束後參加「普通水準測驗」（O level），測驗成績較低者通常修習職業導向課程，或直接就業。

❼❹ 黑潭（Blackpool）位於蘭開夏西北，西臨愛爾蘭海。

我的月經最近沒來。我得了淋巴腺熱，感覺精疲力盡。我喜歡到專科學校上課及市場工作，但我每晚都睡十小時，而且我第一次（但不是最後一次）清楚聽到聲音，那聲音不在我腦中，而是從我的腦袋之外傳來。

我請求留在家中。

母親什麼也沒說。

出發的那天早上，母親整理了兩只行李箱，爸爸一個，她自己一個，然後出門。我走到街上送他們去長途巴士站。我向他們要房子鑰匙。

她說，她不放心我獨自在家。我可以待在牧師那裡。已經安排好了。

「妳沒告訴我。」

「我正在告訴妳。」

巴士駛入。人們開始上車。

「鑰匙給我。我是住在這裡的人。」

「我們下週六回來。」

「爸……」

「妳聽到康妮說的了……」

他們上車。

我那時正和一個女孩約會，她還在念書。我生日在八月下旬，所以一直是同年級裡面最小的。這女孩名叫珍妮，她的生日在十月，所以是年齡最大的幾個學生之一。我們差一個年級，但實際年齡只差幾個月。她秋季將上專科學校。我很喜歡她，但不敢吻她。她很受男孩子歡迎，還有個男朋友。不過她想約的是我。

我去她家，告訴她發生了什麼事，她母親人很好，讓我睡在他們停在屋外的拖車裡。我滿心憤怒。我們去散步，我把一扇農舍的門從鉸鏈扯下，丟進河裡。珍妮伸過手臂，抱住我。「走，我們闖進去。那是你家。」

所以那天晚上我們翻牆進後院。爸爸把一些工具收在棚子裡，我找到鐵橇和榔頭，撬開廚房的門。

我們進去了。

我們像孩子一樣——我們就是孩子。我們熱了一塊弗賴．本托斯牌的牛肉派，它們以前是裝在碟形的扁罐裡面賣。還打開了罐頭豌豆來吃。我們鎮上有個罐頭工廠，所以罐頭食品很便宜。

我們喝了一點大家都很愛的瓶裝玩意兒，叫作沙士。它的味道像甘草和糖漿，黑色，冒著泡，放在沒貼標籤的瓶子在市場攤位賣。我有錢時總會買來喝，也幫溫特森太太買。屋子看起來很美。溫特森女士一直在裝飾。她擅長測量和貼壁紙。爸爸的工作是混合黏劑，照她的指示裁切壁紙，把紙遞給在梯子上端的她，好讓她垂掛壁紙，再用她的大刷子刮除氣泡。

她自有她獨特的操作方式。強迫症如她，這件事得要做完為止。

我回到家。她在梯子上唱著〈祢的錨將控制生命風暴〉。

爸想喝茶，因為他得上班，不過沒關係，因為茶已備好，放在烤箱裡。

「妳要下來嗎，康妮？」

「做完才下來。」

我爸和我坐在客廳，靜靜吃完碎肉和馬鈴薯。頭上有壁紙刷咻咻拂過的聲音。

「不吃點東西嗎，康妮？」

「不用理我。我在梯子上吃個三明治就好。」

所以三明治得給她做好，拿過來，並像餵食野生動物園裡的危險動物一樣送上去。她坐在梯子上，戴著頭巾以防碎屑掉入她燙捲的頭髮裡。她頭頂天花板，吃著三明治，低頭看我們。

爸爸上班去了。梯子在房裡移動了一點，但她仍在上頭。我上床，隔天早上起床要上學時她還在那兒，拿杯茶在梯子上面。

她整晚在那兒嗎？還是聽到我下來才爬回上頭？

但客廳已裝飾完成。

我和珍妮都是黑眼睛，容易緊張，不過她比我愛笑。她爸爸有份好工作，但是擔心會失業。她母親在工作，有四個孩子。她是老大。如果她爸爸丟了工作，她勢必得放棄上專校，開始工作。

我們認識的每個人都使用現金，沒現金的時候就是沒錢了。借錢被視為毀滅之路。我父親二〇〇八年過世，一生從未用過信用卡或借記卡[75]。他有一個住宅互助協會的帳戶，僅用於儲蓄。

---

[75] 借記卡（debit card），英國通用的金融簽帳卡。

珍妮知道她爸爸有貸款，有個男人每週五過來收錢。她很怕那個人。

我對她說別怕。我說，總有一天我們再也不用害怕。

我們牽著手。我想知道擁有一個自己的家是什麼感覺，你可以來去自如，在家中款待客人。在那裡，你再也不會害怕……

我們聽到前門打開。有狗在吠。起居室的門猛然推開。兩隻杜賓犬嗥叫狂抓一陣又後退。珍妮發出尖叫。

杜賓犬後面是我母親的弟弟，艾列克舅舅。

溫特森太太認定我會回到家。她知道我會翻過後牆，便付錢請鄰居打電話到她在黑潭的租用公寓。那位鄰居認出我，去電話亭打電話到黑潭，和我母親通話。母親再打給她弟弟。

她厭惡她弟弟。他們之間除了厭惡以外沒有一點情份。他繼承了他們父親的汽車事業，她卻什麼都沒拿到。這些年她照護母親，照顧外公，為他煮飯洗衣，他們只給了她一間慘兮兮的房子，沒給錢。而她弟弟有個生意興隆的停車場和加油站。

他叫我出去。我說我不走。他說，如果他放狗咬我我就會走。他是講真的。他說我不知感激。

「我就叫康妮不要領養。你根本不知道會養到什麼。」

「去死吧。」

「你說什麼？」

「去死吧。」

一記耳光直接掃過臉頰。珍妮現在真的哭了。我的嘴脣裂開。艾列克舅舅滿臉通紅，怒氣沖沖。

「給妳五分鐘我再回來，然後我會整到妳寧願沒出生過。」

但我可從沒想過不要出生，也不打算因他而這麼想。

他走出去，我聽到他進到車裡，發動引擎。我聽得到車子在運轉。我跑上樓拿了一些衣服，走到備戰櫥櫃拿出一堆罐頭食品。珍妮把全部東西放進她袋子裡。

我們翻牆，回到外面，他就看不到我們。就讓他在五分鐘後衝進來對空屋咆哮吧。

我感到心寒，此外什麼也感覺不到。我可以殺掉他。我真會殺掉他。我會殺掉他，而且不會有任何感覺。

珍妮的爸媽不在家，她祖母在顧小孩。男孩子都已就寢。我坐在拖車地板上。珍妮過來，以雙臂環抱我，然後吻我，千真萬確地吻了我。

我邊哭邊親吻她。我們脫光衣服，鑽到拖車小床上。我還記得，我的身體也記得，身在某處而且能安心待著是什麼感覺。不必警戒也不必擔心，你的腦子就在此時此地，不在別處。

我們睡著了嗎？一定是的。汽車大燈掃過拖車。她爸媽回來了。我覺得自己心跳加快，但那道光線並沒有警告的意味。我們很安全。我們在一起。

她的乳房很美。她全身都很美，雙腿交叉處有一區三角形的豐厚黑色體毛，手臂上有黑色汗毛，從她的腹部直到陰毛還有一道。

我們一早醒來時，她說：「我愛妳。我一直愛著妳。」

「我以前太害怕了。」我說。

「別怕。」她說：「不用再害怕。」

她純淨如水，沁涼深刻又清澈見底。沒有罪惡感，也沒有恐懼。

她對她母親說了我們的事，她母親警告她別告訴她父親，別讓他發現。

我們騎上單車，到二十英里外的樹籬下做愛。珍妮的手沾上很多血，我的月經又開始了。

隔天我們騎單車去黑潭。我去找我母親問她為何這麼做。她為何把我鎖在門外？為何不信任我？我沒有問她為何不再愛我。愛已經不是一個能用在我們之間的字。這不是一個簡單的愛或不愛的問號。愛不是一種情感，而是橫在我們之間那座轟炸過後的廢墟。

她看看珍妮，再看看我。她說：「妳已不再是我女兒。」

這無所謂。現在講這句話已經太遲。我有自己的語言，而她不懂。

我和珍妮很快樂。我們上專校，每天見到對方。我開始用一輛破爛迷你車在一塊空地練習開車。我活在充滿書本和愛情的世界。世界生動完好，我再度感受自由。我想那是因為我被人愛著。我送了一束花給溫特森太太。

我回去那天晚上，花插在桌上的瓶裡。我看著它們……僅有花莖插在瓶中。她截斷花朵丟到還未點著的火堆。火堆已經擺好，整齊排列的黑色煤炭上面有康乃馨小小白色的頭。

母親靜靜坐在椅子上，我沒開口。我環顧這小巧整潔的房間、壁爐架上的銅製飛鴨、壁爐鐘旁邊的銅製鱷魚胡桃鉗、可以升降至爐火高度的烘衣架，以及貼有我們照片的餐具櫃。這是我住的地方。

她說：「沒用的。我知道妳是什麼樣。」

「我覺得妳不知道。」

「摸她、吻她、赤裸裸，同床。妳以為我不知道妳在幹麼？」

好吧……就是這樣……這次不躲藏。沒有分身。沒有祕密。

「媽……我愛珍妮。」

「所以妳就摸遍她……滾燙的身體，雙手四處游移……」

「我愛她。」

「我給過妳機會。妳卻帶著魔鬼回來。所以我現在告訴妳，要麼妳滾出這間房子，別再回來，不然就別再見那女孩。我要告訴她母親。」

「她知道。」

「她什麼？」

「她母親知道了。她和妳不一樣。」

溫特森太太沉默好一陣子，哭了。「這是罪惡。妳會下地獄。順著柔軟的身軀一路下地獄。」

我上樓去，開始收拾東西。我不知道自己打算做什麼。

我下樓時，母親僵直地坐在那兒，兩眼發怔。

「那我走了……」我說。

她沒回答。我離開客廳，走進黑暗狹窄的門廊，大衣吊在掛鉤上。無話可說。我走到前門，聽到她在我身後。我轉過身。

「珍奈，妳能告訴我為什麼嗎？」

「什麼為什麼？」

「妳知道的……」

但我不知道……我是什麼……為什麼我無法讓她開心。她想要什麼。為什麼我不是她想要的樣子。我想要什麼或為什麼。但有件事我知道：「我和她在一起的時候很快樂。就是很快樂。」

她點一點頭，似乎明白了，而那一刻我真以為她會改變心意，我們可以好好談談，我們將在玻璃牆的同一側。我等著。

她說：「妳可以正常的話，何必要快樂呢？」

9 英國文學A到Z

阿克寧頓公立圖書館裡，幾乎所有書種都有一冊。它有一本葛楚·史坦的《愛麗絲·B·托克勒斯自傳》（一九三二）。

我十六歲時只讀到M字頭。莎士比亞不算，他不是字母的一部分，如同黑色不算一種顏色。黑色代表所有顏色，莎士比亞代表所有字母。我讀他的戲劇和十四行詩，就像你每天早上穿衣打扮。你不會自問：「我今天穿不穿衣？」（不管是心理上或外觀上，打扮不夠好的日子就沒辦法那麼問——但我們稍後再談）。

M字母有十七世紀詩人安德魯·馬維爾[76]。自從我在圖書館的臺階上認識艾略特的作品之後，就決定把詩歌加入閱讀書單。詩歌比散文易於學習。一旦你學了，便可把它當作一道雷射光束。詩顯現你的真實情況，幫助你克服它。

馬維爾寫下英詩最美妙的其中一首——〈致羞怯的情人〉。就是這麼開頭的那一首：

「若我們的世界夠大，時間夠多……」

世界夠大，時間夠多：我年輕，所以有時間，但我知道我必須尋遍世界。我連自己的房間都沒有。

詩的末幾行帶給我莫大希望。這是一首誘惑的詩，誘惑是它魅力所在，但它也是一首生命的詩，催促並讚頌著愛與欲，稱欲望是對於肉身將朽的挑戰。

馬維爾說，我們無法放慢時間，但可以追逐它。我們可以讓時間快跑。想想沙漏，那一套光陰如沙緩緩流逝的老調說法，想一想浮士德式的不朽願望。如果時間可以停止，如果我們能夠永生。

馬維爾說，不，算了吧，把它倒過來，盡你所能活出豐盛。他是這麼說的，比我說得好太多：

---

❼⓺ 安德魯・馬維爾（Andrew Marvell, 1621-78），英國形上詩人。

讓我們將所有力量和所有
甜蜜滾捲成球，
以狂暴撕裂我們的歡愉
衝破生命的鐵門：
如此，我們雖無法讓太陽
駐足，卻能令他快跑。

大聲念出來。看看馬維爾在「太陽」那裡斷句製造出什麼效果。句子在此中斷，迫使出現一個微微的暫停，如此一來，太陽確已駐足，然後詩句疾速前進。

我想著：「如果我無法在此停留，也不能如此，就要卯足全力前進。」

我開始意識到我有同伴。寫作的人往往是流亡者、局外人，出走及被迫出逃的人。寫作的人是我的朋友。每本書都是一枚瓶中信。把它打開來。

字母M。凱瑟琳・曼斯菲爾德[77]，唯一讓維吉尼亞・吳爾芙嫉妒的作家……但我還沒讀維吉尼亞・吳爾芙。

這時我尚未從性別或女性主義的角度思考事情，我只知道自己是工人階級，還沒有寬廣的政治考量。但我注意到書架上的女性作家較少，擺得較遠，而當我想閱讀「有關」文學的書籍時（向來是個錯誤），不得不注意到那些都是男性書寫男性作家的書。

那對我不是問題。我瀕臨溺水的邊緣，在海上迷失的人不會管他們抓住的圓杆是榆木或橡木製。

凱瑟琳・曼斯菲爾德，又一位染上肺結核的作家，如同勞倫斯和濟慈，他們都讓我對自己咳不停的情況稍感好過。凱瑟琳・曼斯菲爾德，這位作家的短篇小說距離我十六歲的一切生活經驗都十分遙遠。

---

[77] 凱瑟琳・曼斯菲爾德（Katherine Mansfield, 1888-1923），紐西蘭短篇小說女作家。

但這就是重點所在。閱讀與你生活事實相關的作品，這種閱讀的價值有限。事實畢竟只是事實，在事實那裡，你遇不到你的渴望和因之湧起的激情。就是因為這樣，若我們把自己同時當作事實和虛構小說來讀會極為解放。閱讀越廣泛，我們越自由。艾蜜莉・狄金生極少踏出她位於麻薩諸塞州阿默斯特的家門，但當我們讀到：「我的生命站起／一把上膛的槍」我們知道自己遇見一種觸發生命、而非裝飾生命的想像力。

因此我讀。繼續讀、一直讀，沿途經過我自己的地理和歷史，經過棄兒的故事和諾利磚，經過魔鬼和錯誤的嬰兒床。那些偉大的作家不在遠方，近在阿克寧頓。

阿克寧頓公立圖書館採用杜威十進位制系統，這表示書籍經過仔細分類，除了人人鄙視的廉價小說以外。言情小說只貼上粉紅書條，與其他同類小說放在一起，不分字母順序，全部丟在標示「言情小說」的架上。「海洋故事」也用相同方式處理，但貼上綠色書條。「恐怖小說」貼黑色書條。風格低俗的「懸疑小說」貼白色書條，但圖書館員絕不會把錢德勒或海史密斯[78]歸類在懸疑小說——它們是文學著作，正如同《白鯨記》不是海洋故事，《簡愛》也不是言情小說。

幽默小說也自成一區，貼有橙色波浪型的可笑書條。我一直不懂葛楚·史坦為何或如何竟出現在幽默小說架上，大概因為她寫了些看起來無厘頭的東西……

好吧，也許她的確經常顯得無厘頭，不過是有道理的，但《愛麗絲·B·托克勒斯自傳》是一本令人愉快的書，也是英國文學史上真正具有開創性的時刻，如同維吉尼亞·吳爾芙的《歐蘭朵》（一九二八年）一樣具有開創性。

吳爾芙稱她的小說為傳記，而史坦書寫別人的自傳。這兩位女性都使得介於事實與虛構之間的空間崩解。《歐蘭朵》以現實生活中的維塔·薩克維爾韋斯特當成女主角，史坦寫的是她的情人，愛麗絲·B·托克勒斯。

想當然耳，迪福把《魯濱遜漂流記》稱為他的自傳（這點曾被史坦引述），夏綠蒂·勃朗特也得說《簡愛》是本傳記，因為在彼時，女人家是不該四處捏造故事的。特別是故事裡對待道德的方式是不加隱晦而大膽狂放。

---

78 派翠西亞·海史密斯（Patricia Highsmith, 1927-95），美國犯罪小說家，代表作為《天才雷普利》（Talented Mr. Ripley）。

但吳爾芙和史坦的做法基進，她們在小說中使用真實人物並且混淆事實：《歐蘭朵》有維塔・薩克維爾韋斯特的真實照片，愛麗絲・托克勒斯理應是作者，卻是史坦的情人，而非作者……

我著迷於身分認同和自我定義的課題，這些書對我至關重要。把自己當作小說和事實來閱讀是保持敘事開放的唯一途徑。這唯一途徑能夠防止故事乘著自身的動力跑走——且往往會跑向沒人希望的結局。

我離家那晚覺得自己是上了當、被設了圈套才離開，而我根本不是被溫特森太太所欺騙，卻被我們共同生活中的黑暗故事所驅使。

她的宿命論如此強大。她是自己的黑洞，將一切光明拖曳進去。她是以黑暗物質做成，力量隱而不見，只看得到它的作用。

快樂原本是什麼模樣？如果我們之間是明亮、清楚又美好的，會是什麼模樣？

這從來就不是生物或自然或後天教養的問題。我現在知道了，我們能夠透過愛人與被愛得到療癒。但成立一個「合為一體」的祕密結社並不能療癒我們。因我們僅承認的另一個「一體」而沉溺，這是注定要失望。溫特森太太是她自己的祕密結社，她渴望我加入。這是一種強制的教條，我在生命中有很長一段時間背負著它。這當然是浪漫愛情的基礎，你我一起對抗世界，只有我們的世界，一個實際上並不存在的世界，除非我們身在其中。一旦其中一人辜負另一人……

其中一人永遠會辜負另一個人。

我離開那晚，渴盼的是愛與忠誠。我性格之中寬闊的渴望，得擠進一道狹窄的頸口，走進「他者」的概念，這個他者幾乎是我的雙胞胎，與我如此接近，卻不是我。從一個柏拉圖式的完整存在分裂出來[79]。總有一天我們會發現彼此，一切終將美好。

我不得不相信那套。不然我要怎麼辦？然而，我卻走向「全有或全無」式的愛情導致的危險毀滅。

但是（這一點很重要）你在十六歲時真的沒有太多選擇。你帶著你所承接的一切離開。

但是……

---

[79] 柏拉圖認為世界萬物都是從一個至高至善的真理或形式所分裂出來。

總會有一張萬用牌。我的這張萬用牌就是書。我擁有的大多是書中容納的語言。一種討論複雜性的方式。一種「讓心對愛與美保持清醒」（柯律治[80]）的方式。

離家那晚，我幾乎走了一整夜。那一夜以慢動作進行，而夜晚的步調總比白天緩慢許多。

時間並無規律，這一分鐘與另一分鐘的長度不盡相同。

我在一個黑夜裡，夜又延伸到我的生命中。我走開，試圖走出她憂鬱而黑暗的軌道。我想從她投下的陰影中走出來。我沒有打算要去什麼地方。我要離開，我要自由，或者表面是如此，但陰影揮之不去。離開心理上的場所而非物理上的某個場所，需要更長的時間。

我睡在滾木球草地上某座有遮蔽頂蓋的亭子裡，從清晨大約四點睡到六點，然後在十月裡破雲而出的日光下醒來，全身凍僵。我上市場買了炒蛋和濃茶，再把我的幾件東西帶到學校。

接下來幾天有些艱困。珍妮的父親確定真的不喜歡我。我對朋友的父母總產生這種效果。所以我不能睡拖車，只能去睡我學駕駛用的破爛迷你車。

那是一輛很不錯的迷你車，屬於教會裡的一個瘋狂男孩，他爸媽年紀較大，沒有信仰，很寵小孩。他把車給我用，因為他父母希望他有自己的車，他卻不敢開。我們輪流開車，到了珍妮家，停在轉角。

在車上過夜要有方法。我的方法是在前座閱讀、吃飯，在後座睡覺。這樣使我感覺有掌控能力。我的東西都放在後車廂。過了幾天，我決定駕迷你車到鎮上，雖然我沒駕照。

我每週三晚以及週六早上八點到下午六點，都在市場包裝毛衣。我還在一個果菜攤打工，所以有錢買食物、加油和去自助洗衣店。

我和珍妮每星期六看電影，吃炸魚薯條，在迷你車後座做愛。然後她回家去，我就邊睡邊用手電筒讀納博科夫[81]。讀到字母N的書時我不太開心。

我不懂怎麼會有男人對成熟女性的身體作嘔。我去公共澡堂洗澡最棒的一件事就是看女人。我發現每個女人都好美。這舉動裡含有對我母親的批判，因為身體對她而言只

[80] 柯律治（Samuel Taylor Coleridge, 1772-1834），英國浪漫主義詩人。

[81] 納博科夫（Vladimir Nabakov, 1899-1977），俄裔美國作家，其小說《羅莉塔》（*Lolita*）描寫一個中年男子愛戀十二歲女孩的故事。

是醜陋和罪惡。

我觀看女人，與性欲無關。我愛珍妮，她也勾起欲望，但我觀看女性其實是觀看自己的一種方式，我想也是愛自己的一種方式。我不知道如果我喜歡男孩會如何。我喜歡部分男人，但無法對任何男性產生欲望。那時沒有，至今尚未。

某天我去上學，到我就讀六年級的專科學校。那時我們為了準備考試，正在讀威爾弗雷德．歐文和《米德鎮的春天》[82]，我對納博科夫頗有微詞，我覺得《羅莉塔》令人難過。

這是我第一次感覺文學像是背叛。我問過圖書館員（他們通常很可靠），她說她也不喜歡納博科夫，很多女人也不喜歡，但這件事可不要在一個男女都有的團體中說出來。

男人會說你老土，她說。我問她老土是什麼意思，她解釋說那是指來自鄉下的人。我問她阿克寧頓算不算鄉下，但她說不算，它比鄉下強一點。

於是我決定問老師。

我有兩個英文老師。主要的那位是個性感狂野的男人，他在我們班上一個同學終於滿十八歲時娶了她。他說，納博科夫真是偉大，有一天我會懂。「他憎恨女人」，我這樣說時，還沒發現這是我的女權意識開端。

「他討厭的是女人變成那副模樣，」狂野男說：「這不一樣。他愛女人，直到她們後來變成她們的模樣。」

然後我們開始爭論《米德鎮的春天》裡面的多蘿西亞．布魯克以及令人反感的羅莎蒙，但男人都比較喜歡後者，大概因為她還沒有變成女人會變成的模樣……

辯論不出結論，所以我和兩個不想管多蘿西亞．布魯克或羅莉塔的女孩子去跳彈簧墊。她們只喜歡跳彈簧墊。

我們在彈簧墊上太吵鬧，打擾到英文科主任萊特婁太太。

萊特婁太太已屆中年，圓滾滾的身材像隻毛茸茸的貓。她頭髮蓬鬆，擦紫色眼影，穿合成纖維製的紅色西裝和綠色褶邊襯衫。她集自大、令人生懼及荒謬於一身，我們若

❽❷《米德鎮的春天》（*Middlemarch*），英國女作家喬治．艾略特所著小說，從主人翁多蘿西亞．布魯克延伸出小鎮人物故事，羅莎蒙則是故事中愛慕虛榮的美麗女人。

不是取笑她，就是躲開她。但她愛好文學。她每一次說到「莎士比亞」都會微微鞠躬，而她還真的在一九七〇年搭長途巴士前去史特拉福，欣賞彼得．布魯克打造白色盒子舞臺的那場《仲夏夜之夢》傳奇演出[83]。我現在會猜她是琴．布羅迪小姐那一型，但我那時沒這麼想，因為我還沒讀到S字頭。而等我讀到S時，卻沒看到穆麗爾．斯帕克[84]。那對英國文學散文A到Z來說太過現代。

可是萊特婁太太來了。她已喪偶，有兩個十幾歲的兒子，他們身形比萊特婁太太高大得多，總是在她的威脅聲裡上學。她開車進停車場，把那兩個笨重的大塊頭男孩硬推出她那輛小到不行的萊利精靈車。她總在大吼。她會在課堂中吃鎮定劑。她把書丟到我們頭上，威脅要殺掉我們。這在當時仍是被允許的行為。

萊特婁太太從英文教室衝過來，那間教室緊臨彈簧墊的房間，真不幸。當她停下大吼聲，我說，這都是因為納博科夫，可是我必須讀完N字頭的書。

「但妳已經在讀威爾弗雷德．歐文了。」

「我知道，但他寫的是詩。我正在讀英國文學散文A到Z。有個作家叫奧利芬特夫人[85]……」

萊特婁太太像隻鴿子一樣把胸挺起。「奧利芬特夫人不是文學！妳不准讀！」

「我沒辦法啊。她在架子上。」

「女孩，妳給我講清楚。」萊特婁太太說，她很想去改那二十篇關於《傲慢與偏見》的報告，不過她現在開始感興趣了。

所以一切傾巢而出：母親，迷你車，圖書館，還有書。萊特婁太太靜靜傾聽。不尋常。然後她說：「妳住在一輛迷你車裡，而其實妳不在迷你車裡的時候就在市場裡賺錢，或者來學校，不然就在阿克寧頓公立圖書館裡頭讀英國文學散文A到Z。」

是。這就是我整個生活的精準概括，除了沒提到性。

「我現在還讀詩。」我說了艾略特的事。

她看著我，如同《夸特瑪和坑洞》[86]的場景，一個她原本認識的人，在她面前逐漸變身。她說：「我家裡有間空房，妳自己買食物，晚上十點以後不准吵鬧。妳可以拿一把

---

83 為呈現莎士比亞戲劇《仲夏夜之夢》的原始精神，劇場導演彼得・布魯克（Peter Brook）於一九七〇年在莎翁故鄉史特拉福以極簡的舞臺元素重現該劇。

84 穆麗爾・斯帕克（Muriel Spark, 1918-2006），英國小說家，其小說《琴・布羅迪小姐的巔峰時刻》（*The Prime of Miss Jean Brodie*）的主角，是個理想化又思想浪漫的女人。

85 奧利芬特夫人（Mrs Oliphant, 1828-97），英國小說家，創作許多中篇及短篇靈異恐怖小說。

86 《夸特瑪和坑洞》（*Quatermass and the Pit*）：英國廣播公司於一九五八至五九年間播出的科幻電視影集。

鑰匙。」

「一把鑰匙？」

「對。鑰匙，就是用來開門的一種金屬製品。」

我在她眼中又回到痴呆狀態，但我不在乎。我說：「我除了迷你車以外，從沒有得到任何鑰匙。」

「我應該和妳那位母親談談。」

「不要。」我說：「拜託不要。」

她把鑰匙遞給我。「別指望搭便車來學校。男孩子坐後座，我的袋子坐前座。」她停頓一會兒又說：「納博科夫可能是、也可能不是偉大的作家。我不知道，我也不管。」

「我一定要讀完《羅莉塔》嗎？」

「對。但不能讀奧利芬特夫人。我週末一定會對圖書館員說。還有，無論如何，妳知道的，不用按照字母順序閱讀。」

我開始解釋，我必須有秩序。例如只在迷你車前座閱讀和吃東西，只在後座睡覺。但後來我停下，完全不說話，因為跳彈簧墊又開始動了。萊特婁太太怒氣沖沖，走向汗水淋漓、彈上彈下的帆布墊，大聲吼叫著珍・奧斯汀云云。

我離開那兒去上圖書館，口袋裡裝著一把銀色小鑰匙。

我幫圖書館員把書一一上架。這是我非常喜歡做的一件事。我喜歡書的重量，喜歡它們嵌進書架的樣子。

她給了我一疊橙色又可笑的幽默類書條，那是我第一次注意到葛楚・史坦。

「我以為妳還在讀N字頭的書呢。」圖書館員說，此人和其他圖書館員一樣相信字母順序。

「我是啊，不過我也稍微到處看看。」我說：「我的英文老師要我這麼做。她說奧利芬特夫人不是文學，為了這事她要來見你。」

圖書館員瞪大眼睛：「她現在要來嗎？我不是不贊成她的意見，但我們真的能從N字頭跳到P字頭嗎？不過O字頭有點難度就是了。」

「字母N的才難呢。」

「對。英國文學——或許所有文學都如此。從來不符合我們的期待，也並不一直都讓人喜愛的。我自己在C字頭遇到很大的困難……路易斯・卡羅、約瑟夫・康拉德、柯律治。」

與圖書館員爭辯是不智的，但我還來不及阻止自己，已開始朗讀：

這努力徒勞，
我雖將永遠凝望
徘徊西部的那道綠光；
卻不希望從外在形式贏得
激情與生命，它們泉湧自內心。

館員看著我：「很美的詩。」

「柯律治的詩。〈抑鬱頌〉。」

「好吧，也許我得重新考慮C字頭。」

「我是不是一定要重新考慮N字頭？」

「這是我的建議。妳還年輕，不喜歡妳讀的東西，就先把它放在一旁，三年後再讀。如果還是不喜歡，再過三年再讀。當妳不再年輕，和我一樣五十歲時，把妳大半本都討厭的那本書再讀一次。」

「那就是《羅莉塔》了。」

她笑了，這不是常態。所以我說：「我應該跳過奧利芬特夫人嗎？」

「我想可以喔……不過她的確寫了一個很棒的鬼故事，叫作〈敞開的門〉。」

我拿起我那疊準備上架的書。圖書館很安靜。忙碌卻靜謐，我想修道院裡一定也是如此，你在那裡有同修和共同情感，想法卻屬於自己。我抬頭，看著那扇巨大的彩色玻璃窗和美麗的橡木樓梯。我好愛那棟建築。

那位圖書館員正在為資歷較淺的人員解說「杜威十進位制」的好處。它的好處全面延伸到生活的各個面向，像宇宙般井然有序。它有邏輯，它很可靠。使用它，可帶來一種道德上的提升，似乎連個人的混亂也獲得控制。

「每當我有問題，」圖書館員說：「我就會想到杜威十進位制系統。」

「然後會怎麼樣呢？」資淺那位問道，語氣頗為震懾。

「然後我會了解到，問題只在於有個東西被歸到錯誤的類別。當然，這是榮格提出的解釋。我們潛意識的內容混亂，因此它們努力在意識的索引中找到對的位置。」

資淺人員沉默了。我說：「榮格是誰？」

「那個先不談。」圖書館員說：「況且它也不是英國文學A到Z。你得去精神分析書籍區。在那兒，心理學和宗教旁邊。」

我看過去。靠近心理學和宗教區只有一個人，那是個綁著馬尾的男人，身穿一件髒兮兮的T恤，一面寫著「自我」，另一面寫著「身分」。另外還有兩個假扮巫婆的女性在研究現代巫術威卡教。三人在那裡互傳紙條，因為這兒不准說話。榮格可以緩一緩。

「誰是葛楚．史坦？」

「一個現代主義作家。她的寫作是不管意義的。」

「所以她才和斯派克．米利根[87]一樣放在幽默書籍區嗎？」

「杜威十進位制系統有一定的自由裁量權。這是它的另一個優勢。這制度讓我們免除疑惑，卻還擁有思想自由。葛楚．史坦是比英國文學A到Z的現代主義更現代的，但不管怎麼說，即使她以英語寫作，或者大致以英文寫作，她還是美國人，住在巴黎。她過世了。」

我帶著《愛麗絲．B．托克勒斯自傳》回到迷你車，開車來到萊特婁太太家。我在外頭待了一會兒。聽到她對那兩個小伙子喊叫。

我從那座小巧屋舍的廚房窗戶往內看。那房子不是瓦特街上那種連棟屋，而可說是幢鄉村小木屋，後面有空地。大塊頭的笨重男孩吃著晚餐，萊特婁太太則在熨衣服，一邊讀著放在燙衣板旁的樂譜架上的莎士比亞。她換下了合成纖維上衣，穿上一件英國尼龍材質的短袖上衣。她的手臂胖得擠出小圓窩。胸部有皺紋、鬆弛、肉感又發紅。納博科夫厭惡的一切，她身上都有。

她眼睛發亮，讀著莎士比亞，每熨完一件尺寸與兒子體型一樣大而笨重的襯衫就停下來翻頁，掛起襯衫，再從衣堆拿出另一件。

她腳踩粉紅色的絨毛拖鞋，站在黑白相間的油布地氈上。

她給了我一個機會。冬季即將來臨，睡在迷你車裡很冷，凝結一夜的呼吸氣息，會使得我醒來時全身滿是水珠，如同清晨的葉子。

我完全不確定自己做的哪一件事是對的。我一直與自己大聲對話，就自己的情況自我辯論。在某方面我很幸運，因為我們的教會一直強調把注意力放在好事上，如那些恩典有多重要，而非只盯著壞事看。我晚上蜷縮在睡袋裡頭時就是這麼想。有些事物很美好：珍妮，我的書本。離開家，代表我可以安心保有這兩者。

我拿出我那把鑰匙。然後，出於禮貌，我按了門鈴。其中一個大塊頭男孩開了門，萊特婁太太走出來。「你們兩個幫她拿東西啊，難道全都要我做？」

---

87 斯派克．米利根（Spike Milligan, 1918-2002），英國作家及喜劇演員。

我有一個面朝後方空地的小房間。我把書堆成一疊，折好衣服。三條牛仔褲，兩雙鞋，四件毛衣，四件襯衫，夠穿一星期的襪子和內褲。還有一件粗呢外套。

「就這些嗎？」

「還有個開罐器、一些陶器、一個野炊爐、一條毛巾和一個睡袋，不過它們可以留在車上。」

「還缺個熱水瓶。」

「我有，我還有手電筒和洗髮精。」

「那好。吃點麵包和果醬，然後上床睡覺。」

我拿出葛楚．史坦的書，她看著我。

「S字頭。」她說。

葛楚和愛麗絲住在巴黎。她們正在戰爭期間協助紅十字會，開著從美國運來的雙人座福特汽車。葛楚喜歡開車，但她拒絕倒車，她只往前開，她說二十世紀的一切意義都在於進步。

葛楚不做的另外一件事是看地圖。愛麗絲．托克勒斯看地圖，葛楚時而留意，時而漫不經心。

即將天黑，有炸彈爆炸，愛麗絲失去耐性。她丟下地圖，對著葛楚大吼：「這條路不對。」

葛楚繼續開車。她說：「不管對錯，就是這條路，而且我們在路上。」

10 就是這條路

我決定申請去牛津大學攻讀英文，因為那是我最不可能做到的事。我不認識半個上過大學的人，而且，雖然聰明的女孩會受鼓勵就讀教師培訓學院，或是考會計考試，但「進入牛津或劍橋大學」並不在你死前的必辦事項清單上頭。

英國在一九七〇年立法讓「同酬法」生效，但我認識的女性都搞不懂什麼同工同酬，也不相信她應該得到如此對待。

在工業發達的北英格蘭，傳統類型的藍領職業類型是工廠作業、製造業和採礦業，經濟力量由男性把持。

女性凝聚起家庭和社會，貢獻卻沒被看見，無法測量、難以給薪或得到社會報酬。這意味著我的世界到處是強大而有能力的女性，但她們是「家庭主婦」，得聽從男人的話。我的母親對我父親就是如此。她看不起我父親（然而有失公允），但稱他為一家之主（亦不符事實）。我看到那種婚姻／家庭的模式在各地不斷重演。

我所認識的極少數女性擔任專業或管理職，而且都未婚。我在學校遇到的女老師多數都沒結婚。萊特婁太太是寡婦，也是英文科主任，依然得幫兩個兒子洗衣燒飯，而且她從不請假，因為她說——我永遠記得她這麼說：「當一個單身女人不再能引起任何異性注意，就只在還有點用處的時候才會被看見。」

真是一句了不起的名言，足以讓她成為女性主義者，但她沒時間參與女權運動。她仍崇拜男人，雖然說缺個男人使得她連在自己的眼中都隱形了。眼睛，是女性在種種看不見的小鎮角落所能占據最悲傷之地。吉曼．基爾在一九七〇年已出版了《女太監》，但我們沒人讀過。

我們並不世故。我們是北方人，並未生活在曼徹斯特這樣的大城，女性主義對我們而言似乎仍陌生。

「戰斧」（Battleaxe）一詞一直被用來支持北方工人階級的強大女性，卻也被用來反對她們。這種劈柴砍人的形象也使我們的身分認同為之分裂。北方女人強悍，在家中及通俗喜劇中被如此看待。所有海邊景點販售的明信片上頭都畫著瘦小的男人和強勢的女性。在醉醺醺的工人俱樂部裡，上演著雷斯．道森這樣的舞臺劇，演員戴上頭巾和圍裙，以諷刺方式模仿、歌頌男人又愛又怕卻甚為依賴的可畏女性。可是，那些據稱應該站在大門口、等著用桿麵棍痛打男人的大女人，卻不擁有經濟力量。就算有，也得深藏不露。

我認識一些女性擁有自己的小生意，像是我在市場打工的攤位，或是供應我許多餐飯的炸魚薯條店。但女人裝作那是丈夫的事業，她們只是在那兒工作。

我們在學校就上過一堂性教育課程，內容根本與性無關，而是關乎性別經濟。我們買東西應該自己付錢，因為這才符合現代精神，但我們應該事先把錢交給男生，那麼大家才看得到他在付錢；我們只能討論公車和電影票的費用，但後來控管家庭收支時，得確認男人知道這一切都屬於他。男性尊嚴，我想老師是這麼稱呼的。我認為這是我聽過最愚蠢的一件事，簡直就是社會關係地平論。

唯一能用自己滿意的方式生活，無須在社會上偽裝的女性，是那對經營糖果店的女人，可是她們得在性別上偽裝，不能公開同志身分。大家嘲笑她們，其中一人還得戴頭罩。

我是女人，工人階層的女人，我想要不帶罪惡感也不被嘲笑地愛女人。我的政治基礎是由上述這三件事形成，而不是工會或左派男性所理解的階級戰爭。

左派人士花了很長一段時間才將女性加入獨立平等的一員，且不再將女人的性欲視為對男性欲望的反應。我對自己所認識到的左翼政治感到不滿以及被邊緣化。我當時的目的並非要改善生活條件，是要全面改變自己的生活。

七〇年代後期，瑪格麗特．柴契爾出現，倡言一種風險與報酬的新文化。只要你夠努力工作，並準備好拋棄傳統的安全網，就能實現夢想，成為你想要的樣子。

我已離開家，夜間和週末都在工作，好支應念書所需。我沒有安全網。

比起為工黨發聲的中產階級男性，以及為「家庭」工資發起運動卻想把女性留在家中的男性工人階級，柴契爾在我看來是可以提供更好的答案的。

這時的我並不推崇家庭生活。我沒有家，只有怒氣和勇氣。我聰明，沒有情感連繫，不懂性別政治。我是雷根／柴契爾革命裡的理想原型。

我參加了牛津大學入學考試，承蒙萊特婁太太的指導，我取得面試資格，買了長途車票去牛津。

我申請的是聖凱瑟琳學院，因為它感覺起來現代新穎，是一所混合型學院，而且它是從聖凱瑟琳協會轉型而來。聖凱瑟琳協會是一種令人感嘆的衛星組織，依附於在它之前成立的牛津學院，原本是為沒錢以正式方法進牛津總校的學生而設。

但它現在隸屬牛津大學總校。也許我能去那兒。

我在牛津下車，向人問路，走到了聖凱瑟琳學院。我覺得自己像是湯瑪士・哈代小說裡的無名裘德[88]，但我可不要上吊。

我從不知道能有一座城市如此美麗，從不知道有地方像這些學院，草坪和建築圍成一塊方院區，以及富有活力的寧靜感，我至今仍覺得那寧靜的氛圍非常迷人。

學校提供我住宿一晚，學院裡也供餐，但我被其他應試者的信心嚇住，不敢走進去與他們一起用餐。

面試時，我無法清楚表達，因為那是我生命中頭一遭感覺自己看起來不對勁，說出來的話聽起來也不對勁。其他人似乎泰然自若，雖然我知道並非如此。可是他們的衣著確實更好，口音也不同。我知道我不自在，但我不知道在那種地方要怎麼放得開。我把真正的自己藏起來，空出來的自己卻沒有適合的形象可填入。幾週後，我得知沒獲錄取。

我很絕望。萊特婁太太說，我們得找其他選項。可對我而言沒有其他選項。我對選項沒興趣，只對牛津有興趣。

於是我想出一個計畫。

我終於通過駕照考試，賣掉並不真的屬於我的迷你車，花四十鎊買了一輛通過檢驗的希爾曼頑童車。車門壞了，但引擎很好。只要你願意扭動身子從車身後方的玻璃掀板鑽進車裡，就可以跑很長的路。

珍妮說，她要和我一起去，於是，我們帶著我的帳篷出發，以時速五十英里駛向牛津。這是那輛頑童車的極限，還得常常停下來加油、換油、添水和煞車油。我們帶了兩

88 十九世紀小說《無名的裘德》（*Jude the Obscure*）描寫一位出身工人階級的男子裘德，申請進入大學被拒，感情屢屢受創。他兒子也名叫裘德，後來上吊身亡。

顆雞蛋，以備散熱器萬一漏水時可派上用場。當時，打顆蛋放進故障的散熱器裡，就能輕鬆修復，好比風扇皮帶可以用尼龍絲襪替代，還可以用兩顆螺絲和一個巴氏牌汽水罐來修理斷掉的離合器控制線（在罐子兩端各鑿一孔，把螺絲綁在折斷的纜線兩邊，再把纜線和螺絲丟進鐵罐兩端。你會發現車子發出一點砰咚聲，這時就可以踩下離合器了）。

珍妮家裡有一本營地手冊，我們可以在牛津外圍的一座高爾夫俱樂部找便宜的地方露營。

我們花了大約九個小時才到達，但我們吃了培根和豆子，很開心。

隔天，我與一位資深導師和一位英文系的研究員有約。另一位不在，算我走運。我還是老問題，完全開不了口，結結巴巴，就像……遇到壓力我就成了比利．巴德和《史瑞克》中驢子的綜合體。

我深感絕望，攤開雙手，只見手掌滿覆油漬。頑童車漏油了。

所以，沒別的好說，只能用《史瑞克》的速度解釋希爾曼頑童車、帳篷、我在市場工作的攤位，還有關於天啟和溫特森太太的一些事情，以及英國文學散文A到Z……

他們已在桌上攤開一封萊特妻太太寫的信。我不知道她寫些什麼，但他們提起奧利芬特夫人。

「我想成為比她更好的作家。」

「那應該不難。雖然她寫了一個不錯的鬼故事，叫作——」

「〈敞開的門〉。我讀過，很恐怖。」

不知道怎麼回事，奧利芬特夫人站在我這邊。

資深導師解釋，聖凱瑟琳是一所進步的學院，一九六二年才成立，致力於招收公立學校的學生，也是少數的混合型學院之一。

「你知道，班娜姬．布托[89]在這裡求學，瑪格麗特．柴契爾在薩莫維爾學院念化學。」

我不知道，也不曉得班娜姬．布托是誰。

「妳認為有個女首相是好事嗎？」

是好事啊……阿克寧頓的女人除了當妻子、老師、美髮師或祕書，或者做店面生意之外，就什麼都不是。「嗯，她們可以當圖書館員，我也想過做這行，但我想寫自己的書。」

「什麼樣的書呢？」

「不知道。我成天在寫。」

[89] 班娜姬．布托（Benazir Bhutto, 1953-2007）為巴基斯坦首任民選女性總理。

「大部分的年輕人都是這樣。」

「阿克寧頓的年輕人可不是這樣。」

談話稍停。那位英文系研究員問我，是否認為女性能夠成為偉大的作家。我對這問題有點不解，我從來沒想過。

「她們的確經常出現在字母的前面。奧斯汀、勃朗特、艾略特……」

「我們當然會研讀這些作家。維吉尼亞・吳爾芙不在課程大綱之中，不過妳應該會覺得她很有趣。但她比不上詹姆斯・喬伊斯……」

如此介紹牛津學位課程的偏好還真合理。

我離開聖凱瑟琳學院，走到霍利威爾街的布萊克威爾書店。我從沒見過有五層樓的書店，因而感到暈眩，就像一時吸入過多氧氣。然後我想到女性。這麼多的書，女人究竟花了多長的時間才終於能書寫其中的一部分，為何女詩人和小說家還是這麼少，而其中被認可為重要作家的又更少？

我十分興奮而滿懷希望，也由於先前聽到那番話感到煩憂。做為一個女性，我會不會只是個旁觀者，而不是有所貢獻的人？我能不能研讀我從來不敢奢望達成的目標？不管能否達成，我都要嘗試。

後來我獲得成功，卻被指責為傲慢，我真想把每個對我有所誤解的記者拖來這地方讓他們看看，一個女性，工人階級的女性，要想成為一位作家——一位好作家，而且要相信自己夠好——那並非傲慢，而是政治。

不管那天發生了什麼事，結果是好的。我取得入學資格，比前次申請遲了一年。那把我直接帶向了柴契爾和一九七九年的選舉。柴契爾精力旺盛，立論清晰，她知道一塊麵包賣多少錢。她是女性，那使我覺得自己也可以成功。如果雜貨店女兒可以當上首相，那麼像我這樣的女孩也能寫一本書，放到英國文學散文A到Z的書架上。

我投了她一票。

如今提起柴契爾改變了兩個政黨已是稀鬆平常的論點：她改變自己的政黨和在野的左翼工黨。可是人們很少想起，美國的雷根和英國的柴契爾徹底打破了戰後共識，那共識已維持三十多年。

倒轉回一九四五年，無論你是贊成英國或西歐的左派或右派，戰後社會的重建，不可能用新自由主義過時又聲名狼藉的自由市場經濟來進行。那將使勞工沒有規範、市場價格不穩，而對於老病或失業者毫無救助。我們將會需要住房、大量工作機會、福利國家制度、民生事業和交通運輸國有化。

人類意識走向集體責任，這確實是一大進步；我們瞭解到，我們不僅對自己的國旗和國家、孩子或家庭負有義務，還要對彼此負責。社會、文明、文化。

這種進步的思想並非來自維多利亞時代的價值觀或慈善情懷，也並非出於右翼政治，它來自戰爭的實際教訓，以及——這很重要：社會主義的優越論點。

英國經濟到了七〇年代逐漸走緩，我們獲得國際貨幣基金提供紓困，油價飆升，尼克森總統決定採美元浮動匯率，不受控制的工會爭議，以及一種對於左派的存在性懷疑，這一切加起來，使得雷根／柴契爾所領軍的八〇年代右派驅走了那些惱人的、關於公平與平等的爭論。我們將要追隨米爾頓．弗里德曼和他的芝加哥經濟學派的同好，回到古老的自由放任市場，並將它盛裝打扮成新的救贖。

歡迎TINA——There Is No Alternative，別無選擇。

一九八八年，柴契爾內閣的財政大臣奈傑爾．勞森將戰後共識稱為「戰後騙局」。

那時我並不知道，一旦金錢成為核心價值，教育就會變得驅向實用，而心智必須生產出可量測的結果，才算得上商品。我不知道公共服務將不再受到重視。不知道當廉價住房消失，會使得選擇賺錢和花費以外的生活變得十分困難。也不知道鄰里社區被摧毀之後，只會剩下悲慘和不寬容。

我不知道，柴契爾主義會把它的經濟奇蹟建立在拋售國有財產和企業之上。

我還不知道社會私有化的後果。

我開車行駛在高架橋下，經過廠底區。駛過以琳五旬教會時，我看見爸爸穿著工作服走出來。他在油漆。我的腳鬆開加速器，差一點就要把車停下。我想向他道別，但沒這麼做，因為我沒辦法。他看到我了嗎？我不知道。我看一眼照後鏡，他正要回家。而我正要離開。

現在，車行到鎮外，穿過奧斯華威索，經過狗餅乾工廠。有些孩子在側門等著拿粉紅和綠色的骨頭形狀碎餅。只有一個人牽著狗。

我開著我的莫里斯小廂型車——它接棒頑童車。車上塞了一輛單車和整後車廂的書，還有一只裝著衣服的小行李箱、一包沙丁魚三明治，以及總共二十加侖的罐裝汽油。沒人告訴我高速公路上買得到汽油。我不敢熄火，廂型車的發電機出了問題，我只好把車停在路肩，繞一圈車子去加滿油，再繼續開。管他的。

我要去牛津。

11 藝術與謊言

我們進大學的第一晚，導師轉過來對我說：「妳是工人階級的實驗品。」然後，他轉向另一個女生說：「妳是黑人的實驗品。」這個女生後來成為我最親密的朋友，直到現在。

在某個程度上，這並不要緊。書籍隨處可見，我們要做的只是閱讀。從《貝武夫》讀到貝克特，不用因為似乎只有四名女小說家而操心：勃朗特姊妹是一組，喬治・艾略特、珍・奧斯汀以及一位女詩人，克里斯蒂娜・羅塞蒂。她不是偉大的詩人，比不上艾蜜莉・狄金生，不過反正沒人會向我們講述偉大女性的例子。就女性方面來說，牛津大學的共犯結構不在於保持沉默，而是完全忽略。我們成立自己的讀書小組，很快就將當代作家（男女都有）以及女性主義加入閱讀。於是，突然間，我閱讀起多麗絲・萊辛和童妮・莫里森[90]與凱特・米列特和艾德麗安・里奇[91]。她們就像一部新的聖經。

儘管牛津有著性別歧視、優越自負及父權姿態，對學生福利又漠不關心，但它的好處在於對目標認真嚴謹，並且堅定相信心智生活是文明生活的核心，對此毫不質疑。

雖然我們只因身為女性而受到導師貶損，仍以閱讀、思考、理解及討論的熱情，默默維持了這所大學的精神。

這為我帶來巨大的轉變。我彷彿生活在一座圖書館中，而圖書館一直是最能讓我感到快樂的地方。

---

[90] 英國女作家多麗絲・萊辛（Doris Lessing, 1919-2013）、非裔美國女作家童妮・莫里森（Toni Morrison, 1931-2019）均曾獲諾貝爾文學獎。

[91] 凱特・米列特（Kate Millett, 1934-2017）、艾德麗安・里奇（Adrienne Rich, 1929-2012），均為美國女性主義作家。

我讀得越多，就更加不認為文學只屬於少數人，專屬某種特定的教育或階級。書，也是我與生俱來的權利。我不會忘記自己發現了最早記錄下來的英文詩時有多開心，原來是一位惠特比的牧人在公元六八〇年左右寫成，即〈卡德蒙的讚美詩〉（Cademon's Hymn）。惠特比修道院當時由女院長聖希爾達[92]主持。

想像一下……一位女當家和一個目不識丁的牧人，創作出如此美麗的詩篇。受過教育的僧侶們將它寫下，向訪客和朝聖者娓娓傳述。

真是個美好的故事。卡德蒙寧願與牛為伍也不願與人為伴，他不懂任何詩歌，因此，當所有人受邀到修道院的年終餐宴歌唱朗誦，卡德蒙總是跑回牛群，待在他能自在獨處的地方。但是那晚，有位天使到來，要他歌唱，如果他能對牛唱歌，就能對天使吟唱。卡德蒙憂傷地說自己一首歌也不會，但天使鼓勵他，就唱一曲吧！關於創造天地的歌。卡德蒙開口吟唱，因此有了這首歌。（關於這件事的早期紀錄，可以看看當時的史學家比德所著《英國教會史》。）

我讀得越多，越感覺到自己跨越了時間，與其他的生命及更深刻的共同情感產生連結。我不再感到那麼孤立。此刻，我並不是在自己的小筏上漂流，有橋梁通向堅實的地面。是的，過去是另一個國度，但我們可以前去拜訪。到了那兒，就能帶回所需之物。文學是公有地。這個領域並非全由商業利益把持，也不能像流行文化那樣被大面積露天開採。將新事物開發利用，接著繼續前進。

關於順服與野性相對的世界有諸多討論。那指的不僅是我們身而為人所需的狂野本性，而是從想像力開展出不羈的空曠空間。

閱讀就是那些野生事物所在之地。

在牛津的第一個學期末，我們讀著艾略特的《四首四重奏》。

我們在搖曳的樹梢上方

---

92 惠特比修道院（Whitby Abbey）位於英格蘭東北部的約克郡。聖希爾達（St. Hilda，約618-680）是帶領英格蘭接受基督宗教的重要人物，曾經主持過好幾所修道院，以睿智聞名，英格蘭王公也曾來請益，尋求建言。

就著班駁樹葉上的光
移動，聽見下方溼透的
地面上，獵犬和野豬
持續往常的追逐模式
但在繁星之中得到和解。

我思考著那種模式。過去難以改變，它像如影隨形的保姆那樣站在我們與嶄新的現在之間。此刻，就是新的機會。

我在想，過去能否修復，能否「和解」。古老的戰爭、宿敵、獵犬和野豬之間，能不能找到某種和平。

我之所以思考這件事，是因為想拜訪溫特森太太。

單是想到我們有可能觸及日常衝突之上的某個層面頗令人心動。榮格認為，衝突永遠無法於其發生的層面得到解決。在這層面只有輸家和贏家，沒有和解。衝突必須被拉高，如同從地勢較高的地方觀看風暴。

喬叟的《特洛伊羅斯與克麗西達》結尾有一個精采段落。在這故事中，特洛伊羅斯吞下敗仗死去，他被帶到天上的第七境域，低頭俯望月亮下的世界——我們的世界。然後他笑了。他發現一切多麼荒謬，那些別具意義的事，我們背負的宿怨，以及無法調解的種種。

中古時期十分喜愛把世事看成變動不斷，在月光籠罩之下的一切事物淨是混亂與誤解。當我們仰望天空星斗，也就是想像著自己正望向天外宇宙。中古時期的心靈常想像自身向內觀照：地球是個殘破的前哨站，也就是溫特森太太所說的宇宙垃圾桶。它的中心就在，嗯，位在中心的是……神的秩序核心，而那核心從愛出發。

我喜歡秩序由愛而來的說法。

隱隱約約，我理解自己需要找到一個能讓生命與自身和解的地方。我知道那與愛脫不了關係。

我寫信給溫特森太太，問她是否要我回去過聖誕假期。還有，我能否帶朋友去？她竟然說好。不太尋常。

她並沒問我自從最後一次見面至今都在做些什麼。她絕口不提快樂與正常那段話、離家或去牛津，我也不打算解釋。我們都不覺有異，因為這在溫特森的世界見怪不怪。

她在家，有了一架新的電子琴、自製的無線電廣播和一副耳機，耳機的尺寸大小和外星生命探測儀相同。

我也在家，帶著我的朋友維琪．麗可芮許。我先前已提醒過溫太太，這位朋友是黑人。

一開始還算成功，因為溫特森太太熱愛傳教，她似乎認為我最好的朋友是黑人這件事，本身就是一種認真傳教的努力。她去問了幾位從非洲退役的軍人。「他們都吃些什麼？」

答案是鳳梨。我不知道為什麼。非洲有鳳梨嗎？無論如何，維琪的家庭來自聖露西亞。溫特森太太並沒有種族歧視。她的想法是一種傳教者的寬大為懷，正因為如此，也帶有施恩的姿態，但她不能接受任何對於膚色或種族的汙衊。

曾有一段時期頗不尋常，巴基斯坦人大舉遷入白人勞工階層的城鎮，那些地方的就業情形已出現短缺。當時如同現在，沒有人談論大英帝國的遺產。英國曾經殖民、擁有、占據或干擾了半大世界。我們瓜分一些國家、也創造了一些國家。當我們以武力打造的世界裡有一部分想要獲得某些回報，我們感覺憤怒。

但是以琳教會歡迎每一個人，我們被教導要為「來自其他海岸」的朋友而努力。

我和維琪抵達阿克寧頓，溫特森太太送她一條親手織的毯子，好讓她禦寒。「他們怕冷，」她這麼對我說。

溫特森太太有強迫症，她已經為耶穌編織了大約一年。聖誕樹上掛了針織飾品，狗兒身上綁著一件紅色羊毛配白色雪花的聖誕外套。還有一幅針織的耶穌誕生圖。所有牧羊人都戴著圍巾，因為這圖裡的伯利恆不是聖經裡的伯利恆，而是位在通往阿克寧頓的巴士路線上。

我爸爸開門從外面進來，穿了一件新的針織背心，搭配針織領帶。整間房子都被重新針織過。

無所謂。沒看到左輪手槍。溫太太戴著她最好的一副假牙。

「維琪，」她說：「坐。我為妳做了鳳梨乳酪吐司。」

維琪以為這是某種蘭開夏本地的精緻佳餚。

隔天吃醃火腿佐鳳梨，接著是罐頭鳳梨塊。再來有酥炸鳳梨、切片鳳梨蛋糕、奶油鳳梨、中式鳳梨雞肉，還有鳳梨和切達乳酪塊，以牙籤串著，插在包進錫箔紙的半顆白菜上頭。

最後，維琪說了：「我不喜歡鳳梨。」

真是個可怕的錯誤。溫特森太太的心情急轉直下。她宣布下一餐是牛肉漢堡。我們說好，但晚上我們要上酒吧吃明蝦和薯條。

我們十點鐘左右回到家，發現溫特森太太一臉陰沉地站在烤箱前面。有一股混合了油、脂肪和肉的恐怖燒焦味傳來。

位於屋側的狹小廚房裡，溫特森太太正以機械式的動作翻動些許鈕釦大小的黑色物體。

「我從六點就在烤這些牛肉漢堡。」她說。

「但妳知道我們要出去啊。」

「妳們明知道我要做牛肉漢堡。」

我們不知如何是好，只好上床——維琪睡樓上，我睡在前面房間的充氣床墊。隔天的早餐時間，餐桌已經擺好，中間用未開的鳳梨罐頭排成金字塔，還有一張維多利亞風格的明信片，上面畫了兩隻貓，用後腿站著，打扮成一對夫婦。圖說寫著：「沒人愛我們。」

我們還在猶豫要直接衝去工作還是烤點吐司時，溫特森太太突然走進來，抓起明信片往桌上丟，說：「這就是我和你爸。」

聖誕假期裡，我和維琪在精神病院打工。我沒上學的那一年曾在那幾棟巨大的維多利亞式建築中住宿兼工作。它占地廣大，擁有自己的消防車和俱樂部。這裡收容了精神失常的人、可能造成危害的人、遭受創傷的人，以及被詛咒的人。有些年紀較大的住客由於懷孕或是想把嬰兒殺掉而被關著，還有一些人是和自己的嬰兒關在一起。那是個奇怪的世界，孤絕卻又自成一個社會。

我喜歡在那兒工作，清掃病房裡的嘔吐物和排泄物，用鐵製的巨型托盤送餐。我每班輪值十二個小時。也許正是那巨大的瘋狂，平息了我自己的煩擾。我升起憐憫之心，感覺自己幸運。畢竟要發瘋是那麼的容易。

我唯一討厭的是送藥推車。病人鎮靜緩和下來——因針筒和藥片，比牆面鋪了軟墊的病房和束衣親切一點，但是我不確定。病房裡聞得到鎮定劑和抗精神病藥物，那玩意兒會腐蝕牙齒。

維琪和我從瓦特街往返精神病院工作，盡可能不去在意家裡的氣氛其實比工作地點的一切都來得瘋狂。屋子變得更陰森更龜裂，活像是愛倫坡恐怖故事裡的場景。高掛的聖誕飾品，亮澄澄的彩色燈光，只為屋子增添驚悚。

溫特森太太大約一個星期沒和我們講話。有一晚，我們回到家，外頭下著雪，有人在街上唱聖誕頌歌。我發現家裡有教會聚餐。

溫特森太太心情歡快。她穿著漂亮的洋裝，見我和維琪進到屋裡，迎上來熱切招呼。「我會把晚餐車帶來。要不要來點派對肉餅？」

「什麼是晚餐車？」維琪說，腦中浮現驛馬車和槍戰。

「北方人稱呼女主人的手推車為晚餐車。」我說。溫特森太太跑到客廳，在加熱器上頭放派對肉餅。

這時，另一批人馬來到前門大唱聖誕頌歌。大概是救世軍，但溫太太絲毫沒有救世的心情。她打開前門大喊：「耶穌在此。滾開。」

「媽，妳這樣有點刻薄。」

「我忍耐太多事了。」她說，意味深長地看著我。「我知道聖經要我們送上另一邊的臉頰，但我們一天裡被打臉太多次了。」

維琪陷入掙扎。就在聖誕節前，她上樓就寢，卻發現枕頭裡沒有枕芯，卻塞滿了關於天啟的宗教傳單。她開始了解活在末日是什麼模樣。

「妳的家鄉很困苦。」溫特森太太說。

「我是在魯頓[93]出生的。」維琪說。

但她的確困苦。任誰都是如此。紙環從天花板垂下，開始看上去像是瘋子的手銬。

我爸爸大部分的時間都在後院的棚子裡製作教堂要用的裝置。我猜是某種福音祭壇。牧師為了主日學想弄點東西裝飾教堂，但不能弄得像天主教喜愛的墓穴形象，那在〈出埃及記〉是被禁止的。

爸爸沉浸在製作黏土人偶及上色。他正在做第六個人偶。

「這是什麼？」維琪問。

這是七個得救的小矮人，卻沒有白雪公主，可能因為她和天主教童貞聖母瑪利亞的那套異端邪說太過接近。每一矮人各有一塊小名牌：希望、堅信、歡快、虔敬、價值、就緒和願意。

爸爸安靜地畫著。「妳母親心情不好。」他說。

---

[93] 魯頓（Luron），位於英國英格蘭東部的一座大城，距離倫敦約五十公里。

我們都知道這代表什麼。

溫特森太太正在廚房裡做雞蛋奶油醬。她著魔似的攪動鍋子，有如混合黑暗深沉的惡水。我們從後院走來，經過她身旁，她頭也不抬就說：「罪惡。正是它毀壞了一切。」

維琪不習慣這種對話方式，包括一發作就是好幾天的沉默，一開口又迸出毀滅性的宣言，而這句話背後含有一長串我們理當知道、卻永遠不能理解的意念。我看得出維琪感到緊繃，還感覺到爸爸似乎有什麼事想警告我。我檢查了工具櫃。左輪手槍不在那兒。

「我想該離開了。」我對維琪說。

隔天早晨，我告訴媽媽我們要走了。她說：「妳是故意的。」

這間房子。上二下二。長而黑暗的大廳和窄小的房間。院子裡有戶外廁所和煤孔，垃圾桶和狗屋。

「媽，再見了。」

她沒答腔。當時沒有，後來也沒有。我再也沒有回去過，再也沒有見過她。

中場休息

我在作品之中抵抗了鐘錶時間、日曆時間，以及用線性時間拆解事情的重量。時間可能使一切運作戛然而止，但時間的領域僅限外在世界。我們內在的世界能夠將經歷的不同體驗以同時發生呈現。我們非線性的自我對於「何時」不感興趣，但對於探索「為何」的興致則相當高昂。

書寫至此，我的生理年齡已過大半，創作生涯亦同。一如所有人，我會量度時間，一部分也根據身體衰退的程度來衡量時間。不過，為了挑戰線性的時間，我嘗試活在一種完整的時間裡。我認識到生活有外在，也有內在，而相隔多年的不同事件，在想像上和情感上會一齊並列。

創作之橋連接時間，因為藝術的能量不受時間限制。若非如此，我們應該會對過去的藝術感到索然無味，只把它們當成歷史或檔案紀錄。但是我們對藝術產生興趣，其實是對過去的自己與現在的自己感到興趣。此刻與永遠。感覺到某種人類精神一直存在。這使我們自身的死亡變得可以承受。生命加上藝術，就是與逝者的熱烈溝通／交流。這是一場與時間對打的拳擊賽。

我喜歡艾略特《四首四重奏》的一句：「活著的／必將死去。」那是指光陰之箭，從子宮到墓穴的飛行。然生命可不只是一支箭而已。

一個有趣的生命，從子宮到墓穴的歷程。但我無法書寫自己的歷程。永遠無法。《柳橙》做不到。現在也做不到。我寧願繼續把自己當成某虛構的故事來讀，而非事實。

事實上，我現在要跳過二十五年。有些也許以後再說……

12 海上夜遊

我小時候——在個頭很小、可以藏進桌底、爬進抽屜的年紀時，我爬到一個抽屜裡，想像它是一艘船，地毯就是一片大海。

我找到我的瓶中信。我發現了一張出生證明，上頭寫著我親生父母的名字。

我從沒向任何人提過這件事。

我從沒想過要尋找親生父母。有一對父母已讓我感覺不幸了，若有兩對父母豈不是自我毀滅？我絲毫不了解家庭生活。我不知道人有辦法喜歡自己的父母，不知道父母會愛你愛到願意讓你做自己。

我是個孤獨的人。我發明了自己，我不相信生物學或傳記書，我相信我自己。父母？幹麼要呢？他們只會傷害你。

但在我三十歲那年，撰寫《柳橙不是唯一的水果》電視劇本時，我把主角取名為潔絲。她就是書中的珍奈，而即使那本書被歸類為文學作品，想要使用本名又要保有趣味與某種曖昧已經很難兼顧，電視是如此拘泥於字面。要是那個故事被歸檔在電視劇中，我想我會發現自己永遠和一個「真實」故事綁在一塊兒。

不過那還是發生了……但是我努力過。

所以，我得為主角挑個名字，而我選擇了出生證明上面找到的名字。我母親似乎叫潔西卡，所以我把角色取名潔絲。

《柳橙》贏得所有的大獎：英國學術電視獎、皇家電視學會獎，我還在坎城獲頒一項劇本獎，以及許多國外獎項。這齣劇在一九九〇年引起話題，不僅因為它的內容，也因為我們處理內容的方式。這是同志文化的地標，我希望也能是一個文化地標。而我想它的確是。

二〇〇八年有一項英國廣播公司史上最佳戲劇的票選活動，《柳橙》排名第八。

我以為這部作品引起的種種騷動，包括小報，也特別是小報（我們都知道那是正派報導的終結）可以讓我母親潔絲聽說這部戲，並且把事情拼湊起來。

毫無消息。

時間快轉來到二〇〇七年，我尚未採取任何行動弄清楚我的身世。這不是「我的身世」，對吧？我已用書寫將它覆蓋，在它上頭記錄，給它重新上色。生命有層次，它是流動的，不固定的零碎片段。我永遠沒辦法用一般的方式書寫起承轉合，因為那感覺並不真實。這就是我書寫的原因，以及我書寫的方式。這不是寫作方法，這就是我。

我當時正在寫一本小說，叫作《石神》。它的時間設定在未來，不過書中的第二部分設定為過去。這本小說把一個世界想像為千變萬化的狀態，被一個先進而破壞力強大的外星文明發現，但那個外星文明自己的星球瀕臨滅絕。有一支任務小組被派遣到藍星。他們沒有返回。

我寫每一本書的時候都有一個句子在腦中成形，如同一片沙洲浮出水面。就像我們還住在瓦特街兩百號時牆上所寫的文字，一句句勸世警語、格言，那是燈塔投射出來的信號，彷彿是記憶和警告。

《熱情》：「我正對你說那些故事。相信我。」

《書寫在身體上》：「為何愛得要失去了才能測量？」

《筆電愛情》：「為了避免被發現，我不斷移動。為了要親身探索，我不斷移動。」

《重擔》：「自由之人從沒想過逃亡。」

《石神》：「每件事物都永遠銘刻著它過去的樣貌。」

我在前一部小說《守望燈塔》中思考化石紀錄一事。此刻，我又來到那裡，感覺有某些東西被書寫覆蓋，卻依然清晰。在紫外線照射下，顯現出顏色與樣貌，像是機器裡有鬼魂闖進新的紀錄。

「銘刻」是什麼呢？

我當時過得很不好。我和導演黛柏拉·華納（Deborah Warner）交往的六年，對兩人而言都是起伏而不快樂的。

我試著書寫。書推動著我去寫。創作是一種測謊器，我想對自己說謊——如果謊言能夠給我安慰及掩飾。

二〇〇七年春天，我父親的第二任妻子莉莉安過世，讓人措手不及。她比我父親小十歲，一直是個愉快而有活力的人。一次拙劣的髖關節置換手術導致她足部壞疽，壞疽又導致她不良於行，再惡化成糖尿病，她因糖尿病住院三天。三週後，她躺在棺材裡出院。

爸爸和莉莉安待在阿克寧頓的一所安養中心，這裡的經營者是位很好的女士，名叫內絲塔。她曾在郵輪上擔任喜劇演員，要經營安養中心確實得有幽默感。一段時間以後，她不再以說笑話維生，轉而接手家族的安養中心事業。她和我聊了些事情，並且決定那裡一有空房我父親就應該住進去。星期天讓他上教堂，平日帶他出去走走，而且有很多人會去探訪他。我每個月一次開車來回三百五十英里去看他。

我開車北上阿克寧頓，清理他的平房，心不在焉地忙著。那些死亡文件作業真是沒完沒了。

所有照片早已不見，那是討厭的艾列克舅舅拍的（有杜賓犬的那位舅舅），不知有何用途。那兒沒有真正古早的東西，但有個上鎖的箱子。

是藏寶箱嗎？我一直相信那裡真的埋了寶藏……

我到車上拿來一把螺絲起子和榔頭，把螺絲起子敲進鎖頭開口。箱子就彈開了。好恐怖，箱裡滿是皇家阿爾伯特瓷器，包括一個三層蛋糕架。為什麼爸爸要把剩下的皇家阿爾伯特藏在《金銀島》的水手席佛用的海盜箱子裡？

有些陶器再次把童年的味道帶進我口中。溫特森太太的「鄉間小屋」餐盤，手繪金邊，中央畫有一幢遺世獨立的林間小屋……（頗像我現在的住所）。

我還找到爸爸戰時的獎章，一些溫太太的信件紙張，還有些悲傷的私人物品，和一些關於我的可怕物品，所以我全扔掉了。另外出現幾張她的每週購物清單和預算表。最讓人難過的是她寄給爸爸的信，用嚴重抖動的工整字跡告訴他在她死後要按照步驟做些什麼。關於葬禮的保險規定……退休金文件……房屋地契。

可憐的爸爸。他可曾想過自己會活得比兩任妻子都長？莉莉安與溫特森太太不同，沒有留下任何指示。但是不要緊，因為我會陪著他。

我拿出一只皇家阿爾伯特的鮭魚大淺盤，下方露出個小盒子，盒子裡又藏著另一個盒子，沒上鎖，有幾項珠寶，數個信封，與幾張仔細折好的紙張文件。

文件的第一部分是一九六〇年的法院命令，我被正式領養的文件。第二部分是一種類似車輛檢驗表的嬰兒健康檢查：我沒有心理缺陷，健康良好，符合被領養資格。我曾被餵母乳……

而且我曾有個名字，但在紙頁上被狠狠劃掉。那張紙的頂端也被撕去，如此一來，我就看不到醫生或組織名稱，紙張下端的名字也已被撕掉。

我看著法院命令。這裡也有一個名字，我的另一個名字。被劃去了。

打字機和泛黃的紙，如此老舊，看起來像是百年前的物品。我來到一百年前，時間是一道鴻溝。

天黑了，我裹著大衣坐在空蕩的平房地板上。這些熟悉的家具使我感到空虛。我彷彿打開門走進了一個房間，發現自己認不得房間裡的家具。無論我寫了再多東西試圖覆蓋，過往仍在。

就像文件上的姓名，被書寫覆蓋的名字，我的過去就在那裡，也在這裡，就是現在。過去與現在之間的鴻溝關閉起來，將我包圍。我感覺自己被困住。

我不知道這為何這麼重要。為何感覺這麼糟。為何他們從來不告訴我或讓我看呢？他們又何必如此？嬰兒就是嬰兒，這個寶寶重新開始，沒有生命史，也沒有生物史。

接著，有一串句子開始在我腦中重複播放：我自己書中的句子：「我一直在寫，好讓她有一天能讀到。」「尋找你，尋找我，我想我一生都在尋覓我們……」

我寫下愛的敘事，失去的敘事，渴望的故事和歸屬的故事。現在看來，一切似乎豁然開朗。對於愛、失去和渴望的溫特森式迷戀。那是我母親，就是我母親，就是我母親。

而母親是我們的初戀。她的雙臂，她的眼，她的乳房和身體。

如果我們後來恨她，我們會讓那種憤怒跟著自己，帶給其他的情人。如果我們失去她，要上哪兒再度找尋？

我經常執迷於文本，並將它們放進我的作品。聖杯傳說也在其中。僅驚鴻一瞥，世上最珍貴的東西就此消失，其後的追尋都是為了再次找到它。

《冬天的故事》，我最喜愛的莎士比亞戲劇：一個棄嬰的故事。倘若「仍然遺失的孩子無法尋獲[94]」，病苦的世界就不能回到正軌。

閱讀那句：不是「曾經遺失」或「已經遺失」，而是「仍然遺失」。它的文法顯示出

---

[94] 出自《冬天的故事》第三幕第二景，這裡的原句是「if that which is lost be not found.」。

那分失落多麼嚴重。事情在很久以前發生，沒錯，但它發生的時間並非過去。

事情發生在古老的此刻，古老的失落仍使每一天發痛。

在那之後不久，我開始發瘋。沒別的方式可形容。

黛柏拉離開了我。我的不安全感和黛柏拉的疏離引發最後一次驚天動地的大吵，隔天我們就此結束。劇終。

黛柏拉離開是對的。我們的關係一開始希望無窮，而後演變成緩慢的凌遲。我一點也不怪她。兩人在一起曾經是很棒的事。但如同我後來所發現，家庭、建立家庭以及與另一個人建立家庭，對我來說都是很大的難題。黛柏拉喜歡離家，她因離家而茁壯。她是隻居無定所的布穀鳥。

我愛回家。我對幸福的想法就是回家，回到我愛的人身邊。我們無法解決這個歧異。而我不懂，一個如此明白的差異怎麼會導致這麼複雜的崩壞。這突如其來又毫無預警的放棄，匯集了關於家的想法與其不可行，點燃了導火線，一路延燒到我內心以高牆圍起的一道開口。在那個被高牆圍起的開口裡面，如同隱士被厚厚的時間覆蓋，在那裡面的是我母親。

黛柏拉並沒有故意引爆那個「仍然遺失的失落」，我甚至不知道它的存在。實際上，沒有任何事情可供我察覺它的存在。雖然我的行為模式有跡可循。

我打電話給黛柏拉，而她絕不會回電，我為此大感痛苦，再加上困惑與憤怒，這些情緒狀態把我帶往那扇我從不想去的密封之門。

這聽起來像是有意識的選擇。心靈比意識所及之處更加聰明。我們把事物深深埋藏，以至再也記不得有任何事曾被埋起。我們的身體記得，神經狀態記得。但我們不記得。

我開始在夜裡醒來，發現自己四肢趴臥，大喊「媽咪，媽咪」，滿身大汗。

火車到站，車門打開，我無法上車。好丟臉。我取消活動、約會，但無法說明原因。

有時我好幾天足不出戶，衣衫不整。有時我穿著睡衣在大花園裡遊蕩，有時我進食，有時什麼也沒吃，或是你會看到我在草地上拿著一罐冷的烤豆子。熟悉且悲慘的情景。

如果我住在倫敦或任何一座大城市，可能早就因對交通漫不經心而死。我的車出事，或別人的車出事。我想到自殺，因為它必須是一個選項。我必須能夠想到自殺，在好日子裡也要這麼想，因為這會帶來一種掌控感。我最後一次能有所掌控。

糟糕的日子裡，我只好緊握那根越來越細的繩子。

那繩子就是詩。以前，我為了在內心維持一座圖書館而學到的所有詩歌，現在都成了我的救生繩。

我的住家門前有塊空地，地勢較高，以乾砌的石牆圍起，面對一片連綿山景。當我無法應付生活，會到那塊空地倚牆而坐，盯著風景發呆。

鄉村，大自然，我的貓，還有英國文學A到Z，這些是我能依靠的東西。我的朋友從沒讓我失望。能說話的時候，我也找他們說話。

但我經常無法開口。語言離開了我。我處在未曾有過任何語言的地方，一塊被遺棄之地。

你在哪裡？

但是，真正屬於你的東西絕不會真的離開。我無法找到文字直面自己的狀態，但差不多每隔一段時間我就能夠書寫，而且是以一種被引燃的爆發力寫作。這使我有一段時間知道世界還在，燦爛精采。我可以成為自己的光，照明自己的視線……接著光線再度消失。

我寫了兩本童書：圖畫書《卡普里之王》，以及讓年齡大一點的孩子讀的小說《紛亂之屋》。《紛亂之屋》想像了一個世界，在那兒，時間就和油、水或其他商品一樣即將用罄。

我為我的教子寫這些書。孩子和書帶給我單純的喜悅。

二〇〇七年十二月，我從荷蘭回來，傾盡全力舉辦了一場重要的公開演講，試圖表現正常。然而我再度盜汗，就連進屋以後想要生火都辦不到。所以我只好穿大衣坐著，手拿一罐烤豆，兩隻貓就坐在我膝上。

我想到一個關於聖誕節的故事，從一隻驢子的視角敘述，名叫《獅子、獨角獸與我》。驢子抬頭嘶叫的時候，天使的腳從被蟲蝕的馬廄屋椽垂下，剛好掃過牠的鼻子，於是鼻子變成金色。

我就是那隻毛驢。我需要金鼻子。

我當晚寫了那個故事，一直寫到清晨五點鐘左右，然後沉沉睡去，一睡又將近二十四小時。

故事發表於《泰晤士報》。有位和善的女士在聖誕夜寄給我一封電子郵件，她說這個故事讓她流淚，也讓她女兒又哭又笑，她詢問能否由她的出版社加上插畫出版？

這就是事情發生的經過。

書本對我的拯救不僅如此。如果詩是繩子，那麼書籍本身就是救生艇。我感到最不穩定的時候，藉由書得到平衡，我以書本為艇，穿越那令我渾身溼透、狼狽不堪的感覺潮浪。

感覺。我不要有感覺。

對那時的我而言，最好的休息就是前往巴黎，躲進莎士比亞書店。

我和經營書店的西維亞·惠特曼（Sylvia Whitman）是朋友，這位年輕女子以巨大的能量和熱情克服諸多難事。一九五一年，她的父親喬治在聖母院旁的現址開了書店，現在仍住在樓上，像隻老鷹般棲息。

西維亞安排我住進書店隔壁一家未翻新的老式旅館，埃斯梅哈達飯店。我住頂層，沒有電話和電視，只有一張床、一張書桌和一片教堂風景，我發現自己可以入睡，甚至可以工作了。

我能在書店的舊書區坐上一整天和大半個晚上，西維亞的狗在一旁伴我閱讀。當我得起身走動，那隻名叫科列特的狗兒也會湊過來。這是一種單純而安全的逃離。

我在店裡不必負任何責任，還得到妥善照顧。有一次，我患了胸腔感染去到書店，西維亞不讓我回家，而是為我煮湯、換機票、買睡衣，要我待在床上休養。

感覺像是待在昔日的阿克寧頓公共圖書館裡。我很安全，被書本環繞。我的呼吸變得深沉而穩定，不再有陰影揮之不去。那段時光雖短，卻很珍貴。

我並沒有好轉。我正在惡化。

我沒去看醫生，因為我不想吃藥。如果這會要了我的命，乾脆讓它把我的性命取走。

如果往後的人生都是如此，我也沒辦法活。

我很清楚自己無法重建生活，無法以任何方式讓它恢復原狀。我不知道這個地方的另一邊有什麼。我只知道以前的世界已經永遠消失。

我覺得自己就像一幢鬼屋，無從得知那個看不見的東西什麼時候又會出擊。它像是一記重拳，從胸腔或腹部竄上來。我感覺到它的時候會用那股力量放聲大叫。

我有時在地板上蜷縮成一團。有時跪著抓緊一件家具。

這只是一刻……猶知另一時刻……

堅持、堅持，堅持下去。

我喜愛自然世界，也持續在欣賞自然。林木田野、山巒河川、色彩更迭、小動物忙碌而專注。萬物皆美。我會散步好幾個小時，或者坐在屋旁那塊空地，倚牆看天氣、看雲朵，這使我還能保持一點穩定。因此我明白，即使我不在世上，一切都還會存在，所以我可以走了。天地如此美麗，我只是滄海一粟。

有隻死掉的狐狸躺在我散步的小徑上，牠紅潤而強壯的身體上找不到一點傷痕。我把牠移置到樹叢裡，對我來說，那樣處理已經足夠。

我覺得我做了一些很棒的事情。我沒有浪費生命。我可以走了。

我寫信給友人和教子。我還記得，那時我想，我不必去辦年度所得稅和增值稅的退稅程序，然後又想：「如果不是自然死亡，不知道會不會受罰？英國稅務海關總署該不會以為我要自殺，所以故意不填表格吧？一定會罰款。」

於是我平靜下來一陣子，由於我直視了它，這念頭似乎有所延後。

一九五〇年代以前的英國自殺多半以毒氣進行。煤氣是當時的家用燃料，燃燒時會產生大量一氧化碳。一氧化碳無色無味，正是依賴氧氣維生的動物之大敵。它會導致幻覺和憂鬱，能讓你看到幻象。有此一說，出沒於鬼屋的不是光譜呈現的幻影，而是化學煙霧。的確有可能。十九世紀是恐怖幽靈和鬼魅探訪的世紀，也是小說和大眾想像之中的超自然世紀。

《德古拉》、《白衣女子》、《碧盧冤孽》、《化身博士》，M．R．詹姆斯和埃德加．愛倫坡的幻覺。每週降神會之興起。

十九世紀是煤油燈和鬼魅的世紀，而它們很可能是同一件事。一個深夜坐在煤油燈下的男子或女子撞上了鬼，這個經典形象也許是一氧化碳中毒造成的輕度精神錯亂。

六〇年代引進天然氣後，英國自殺率下降了三分之一。或許是這樣，所以我們比較少撞到鬼了，或者說我們在家裡不再出現幻覺。

想用毒氣自殺不再那麼容易，烤箱已經辦不到，現代汽車都安裝了觸煤轉換器。

我有一輛舊型保時捷九一一。

赫曼．赫塞把自殺稱作一種心理狀態。有許多人名義上活著，卻以遠比肉體死亡更糟的方式自殺。他們已經從生活撤離。

我不想要從生活撤離。我以前很熱愛生命，現在也熱愛生命。生命對我而言如此可貴，活著實在不能浪費它的一點一滴。我曾經想過：「如果我不能好好活，我就要去死。」我的時辰到了。這是我出現過最強烈的感受。此人十六歲離開家，炸穿所有擋在她面前的障蔽，無所畏懼、絕不回頭，她是個有爭議性的知名作家（她聰明，也一派胡言），她賺了錢，走出一條路，可以當別人的好朋友，也是個善變又難搞的情人。她曾歷經兩次輕微的精神崩潰，以及一段精神失常的時期，但總能挽回頹勢，繼續前進……但是那個珍奈．溫特森玩完了。

二〇〇八年二月，我試圖結束自己的生命。我的貓與我一起待在車庫裡。我封住門，發動引擎，然後失去知覺。貓兒拚命抓我的臉，拚命抓、拚命抓、拚命抓。

那天稍晚，我躺在石子路上仰望星空。神奇的星星和一片樹林使得黑夜更顯深邃。我聽見一個聲音。我知道我有幻聽的毛病，不過當下那是我所需要的幻聽。

「你們必須重生。」「你們必須重生。」（〈約翰福音〉第三章第七節）。

我已經誕生兩次了不是嗎？我那失去的母親，又有新的母親溫特森太太——那個雙重認同本身就是一種精神分裂。我自認是一個本來該為男孩的女孩，而我這個男孩其實是個女孩。事物的中心都有雙重性。

但我明白了一些事。我了解到誕生兩次並不只是活著，也是選擇生命。選擇要活著，帶著自覺投入生活，投入生活中全部的混亂以及痛苦。

我被賦予生命，也盡量運用我被賦予的條件。但此刻已經沒別的事可做。我找到了收養文件，黛柏拉離開了我，這個巧合／同時性不管引爆了什麼，都是我另一個也是僅有的契機。

那是一條從懸垂空間掛下來的繩子。這個機會極可能會要我的命，也可能讓我得救。

我相信出現兩種結果之一的機率各是一半。那遺失的失落透過激烈而不可見的回歸使我痛失一切。一扇通往黑暗房間的門打開，那是一扇出現在噩夢之中、樓梯盡頭的門。是藍鬍子的門，一把血跡斑斑的鑰匙。

門轉開，我走進去，房間裡沒有地板。我一直、一直又一直往下墜。

但我還活著。

那一夜，清冷的星星自我碎成片片的心連成一個星座。

毫無直線關聯。你讀到這裡就會發現，我想要展現心靈是如何將破碎療癒。

二〇〇八年三月，我躺在床上休養，閱讀馬克・多蒂（Mark Doty）的《人狗歲月》（*Dog Years*）。這是一本與狗共同生活的回憶錄。實際上，它是一個與生命共同生活的故事。

與生命共同生活是很難的。多數時間我們都在盡最大的努力扼殺生命，或被馴服，或者放蕩。表現得平靜無波，或是滿腔怒火。各種極端都有相同的效果，便是把我們從生命的強度隔絕開來。

極端，遲鈍的一端或是暴怒的另一端，使我們避開了感受。我知道，我們的感覺是如此難以忍受，因此採取了不智的、無意識的策略把感覺推開。我們置換感受：避過悲傷、孤獨、害怕或不足，卻去感覺憤怒。也可以倒過來——有時你需要感覺憤怒，而非感到自己不足；有時你需要感覺到愛與接納，而非生命中的悲劇。

要極度勇敢才能感覺你的感受。不要把真實感覺交易出去，更不要把它一股腦轉嫁給別人。你知道為何一對伴侶中總會有個人哭泣或生氣，另一個人卻冷靜而理性嗎？

我發現，對我而言感受是一件難事，縱使我被種種感受淹沒。

我經常出現幻聽。我知道那會使我被歸為瘋子，但我不在意。如果你和我一樣相信心靈想要自我療癒，心靈尋求的是一貫性，而非解體，就不難得出一個結論：心靈會把療癒所需的一切顯現出來。

在現代我們總是假設幻聽者會做些可怕的事。殺人犯和精神病患都有幻聽，宗教狂熱分子和自殺炸彈客也一樣。但是在過去，幻聽而得的聲音可是受到尊敬的，也讓人渴望擁有。先知和預言家，巫醫和聰明的女性。當然還有詩人。幻聽也可以是件好事。

發瘋是一個過程的開始。不該是最終的結果。

醫生及心理治療師羅尼·萊恩（Ronnie Laing）在六〇及七〇年代成為大師，使瘋狂也帶有一點時尚。他把瘋狂理解成一個可能導向某一處的過程。不過，在多數情況下，「瘋狂」對於身陷瘋狂的人，和置身瘋狂周圍的人都太可怕，最後只能訴諸毒品或診所治療。

關於瘋狂的度量衡一直在改變，比起歷史上的任何時期，現在也許是我們最不能忍受瘋狂的時候。瘋狂無處可容身。重點是，沒有時間瘋狂。

發瘋需要時間，恢復理智也需要時間。

我身體裡住著一個人，那是我的一部分，隨你怎麼形容。她已經嚴重損壞，等著看我死，那樣她才能找到平靜。

我的那個部分獨居著，躲在一個被遺棄的骯髒巢穴，總能對我的其餘領土發動奇襲。我狂烈發怒，我有破壞性的行為，我覺得需要摧毀愛與信任，只不過我的愛與信任早被摧毀。我對性的態度隨便——不是解放。事實上，我是不看重自己。我總是準備好要從自己生命的屋頂跳下。這不也帶有一種浪漫？不也是無拘無束的創作精神？

不是的。

創造力與健康為伴，它不是令我們發狂的東西。創造力是我們內在嘗試讓我們免於瘋狂的能力。

那個獨居在泥沼底部、迷失而暴戾的壞小孩，可不是具有創造力的珍奈，她是戰爭之害，她是犧牲品。她恨我，她恨生命。

許多童話故事（你知道那些故事），都關於一個身處絕境的英雄與邪惡的怪物打交道，並且去尋取必須取得的東西，而那確實是必須取得的，才可以繼續旅程。後來，他贏得公主芳心，擊敗惡龍，把寶藏藏妥，城堡也裝飾華美，這時候邪惡怪物又出現，偷走新生兒，或是把嬰兒變成了貓，或者，如同沒受邀出席派對的第十三個仙女一樣，送上有毒的禮物摧毀幸福。

這個具有超自然力量，想要殺人又不幸的怪物得被邀請回家，但要用對方法。記得嗎？公主吻了青蛙——好耶，王子出現了。呃，我們的確需要去擁抱那個待在井底或池裡大啖蛞蝓、黏答答而討人厭的東西，但是，想要把這個醜陋受傷的部分變回人形，對我們內在那位善良的社工來說可不只是一場練習。

這是危險至極的工作。它像是處理未爆彈……但你自己就是那顆炸彈。問題就在這兒：你正是那個可怕的東西。它可能會分裂，不懷好意地住在花園深處，卻與你血脈相連，吃你的食物。搞砸的話，你會跟著怪物同歸於盡。

況且——我說說而已，那個怪物嚮往自殺。死亡也是一種除罪的方式。

我這麼說是因為我在瘋狂之中不得不開始說話，與怪物對話。

我躺在床上讀《人狗歲月》，腦袋外面有個聲音（不在腦袋裡頭）對我說：「起床，工作。」

我立刻穿好衣服。我去到工作室，點著燒木柴的火爐，穿上大衣坐下。這地方凍得要命，然後我提筆，它像所有重要事物那樣開始啟動，出於偶然。

從那天開始，我每天書寫。我完成了一本童書，叫作《太陽之戰》。

我每天工作，沒有計畫，沒有劇情，端看我要說些什麼。

這就是我所說的，創造力要有健康相伴。我將會恢復，就從這本偶然出現的書開始。

我寫的是童書，這並不令人意外。我體內的瘋狂怪物是個小孩。她想聽故事，而我身上屬於成人的那個部分得說故事給她聽。

這本新書裡面，最早自行發展的一個東西叫作「裂成兩半的怪物」。

走進房間的怪物裂成兩半，從頭頂直到身體中央，所以其中一半有一隻眼睛，一個眉毛，一個鼻孔，一隻耳朵，一條手臂，一條腿，一隻腳，另外一半完全一樣。

呃，幾乎完全一樣，因為這個怪物好像還不夠嚇人似的，有一半是男性，另一半是女性。女的半邊有一個胸部，說清楚一點的話那是半個胸部。

這怪物看起來是和人一樣的血肉之軀，但哪有人出生就裂成兩半呢？

怪物穿的衣服和他自己一樣怪。男的半邊穿著單袖襯衫和一條單腿馬褲，應該有另一只袖子和另一條腿的地方被剪掉並縫起來。怪物的襯衫外面套著一件古裝樣式的無袖皮上衣，但是皮衣沒有任何修改，所以上衣彷彿有一半沒身體，反正也是事實。

馬褲底下，或許說單邊褲吧，也只能這麼稱呼這條褲子了。這褲子底下不是兩條腿，而是一條腿，腿上穿了一隻固定在膝蓋處的長襪，襪子底部套上一隻粗厚的皮鞋。

怪物沒有鬍子，但單耳掛著一只金耳環。

他的另一半模樣與他一樣古怪。這位女士穿著半條裙子，半件襯衣，還在屬於她的半顆頭上戴了半頂帽子。

她的腰間，或身上應該是腰的那個部位掛了一大串鑰匙，搖搖晃晃。她沒戴耳環，但手比另一半的手修長，每根手指頭都戴了戒指。

兩個半邊臉上的表情都不太高興。

我自己那個邪惡而不開心的怪物很喜歡我寫《太陽之戰》。她開始和我交談。她說：「難怪黛比會離開妳。她怎麼會想和妳在一起？連妳自己的母親都把妳送人了。妳毫無價值。這只有我知道，妳毫無價值。」

我把這些都寫進筆記本。我決定每天只花一小時和這個野蠻瘋子講話——而且是在我們散步的時候。她從來不想去散步，但我硬要她去。

她的對話風格是責備式的（怪罪，錯誤，指責，要求，慚愧）。有一部分的她是溫特森太太，有一部分則是卡利班[95]。她偏好答非所問的回應。如果我說：「我想談談煤孔。」她會說：「你跟每個人都上床，對不對？」如果我問：「為什麼我們在學校會那麼絕望？」她答：「我說這都怪尼龍材質的燈籠褲。」

我們的對話就像兩個人拿著文法片語書交談，彼此都不懂對方。你以為你問的是教堂怎麼走，它卻翻譯成「我得拿一根安全別針給我的倉鼠。」

真是瘋狂，我說這真是瘋了。但我下定決心要持續下去，我的動力來自於早晨的書寫使我保持理智，而我固定在春夏晚間從事園藝。種白菜和豆子好處多多。創作也很有助益。

集中在下午出現的瘋狂時段收攏我四處滲漏的精神失常。我發現自己不再遭受側面突擊和糾纏，也不再出現盜汗及莫名恐懼的侵襲。

---

[95] 莎士比亞《暴風雨》中的角色。

為什麼我不帶自己和怪物去做心理治療？我試過，但行不通。療程的感覺很虛假。我沒辦法說實話，況且她也不肯跟我走。

「上車……」不要。「上車……」不要。

這比帶一個剛學步的小娃兒還要糟。她是個剛學步的孩子，卻也有其他年齡，因為內在時間的運作與外在時間不同。她有時是嬰兒，有時候七歲，或十一歲，或十五歲。不管她幾歲，橫豎就是不肯接受治療。「這根本是手淫、手淫、手淫！」

我捧上門。「妳要不要學著用刀叉吃飯？」

我不知道我幹麼那樣說。她如野獸般凶猛。

所以我去接受心理治療，但她沒去，於是毫無用處。

不過也並非全然無用，因為我到牛津做療程後，總會覺得受夠了，然後就去布萊克威爾書店，走到樓下的諾林頓室，讀精神分析架上的書。諾林頓室是個正經嚴肅的地方，專為牛津大學而設計，收藏有關大腦／心靈／心理／自我的一切書籍。

我一九九五年起持續閱讀榮格的書，買了精裝全集。我已有佛洛伊德精裝全集，也一直在讀有關身心靈的東西，因為如果你是被聖經養大，就無法輕易走開，不管別人怎麼說。

我在尋找某樣東西。我發現了從牧師改行當心理醫師的內威爾・賽明頓（Neville Symington），他的寫作風格簡單直接，不避諱談論精神和靈魂，不把它當作宗教經驗，而是人類的經驗。他說，人不是只有身心，我也認為我們不只如此。

賽明頓的說法很有幫助，因為我已復元到一定程度，需要一個架構讓我深入思索自己正在經歷什麼。先前的我簡直是一艘沒有遮蔽的船，我一直抓住船身，只求不被下一個捲過來的大浪打沉。

怪物偶爾會在我閱讀的時候冒出來嘲笑我、傷害我，但我現在可以叫她走開，等隔天約定的時間再見。奇蹟似的，她照我話做了。

時值夏日，《太陽之戰》即將完成。我寂寞孤獨而且一個人，卻很平靜。我的頭腦比從前任何時候都清醒，因為我至少知道自己有一部分仍陷於瘋狂。

賽明頓談到那個瘋狂部分如何試圖摧毀心靈，我的經驗一直是如此。但我現在能控制它了。

幾個月後，我們下午一起散步，我說了一些事，關於小時候都沒人肯好好抱著我們。我講「我們」，而不講「妳」。她握起我的手……她從來不曾如此。大多數時間她都走在後頭，冷不防吐出幾句話。

然後我們兩個往地上一坐，哭了起來。

我說：「我們要學習如何去愛。」

13 與從前有約

親愛的女士：

本案是關於您對上述編號文件的請求。地方法院法官已審酌您的申請內容，並做出以下裁示：

一、該出生證明副本並非領養子女登記冊項目之副本。

二、依實務守則第一條第三項第八款第二目規定，身分證明及申請「應在法院進行」，由法院註記於申請表。應出示身分證明正本（非副本）。

三、爾後可轉寄給您一份編製後的相關文件副本，該文件限定使用範圍，不得視為完整文件公開檢閱，亦不得寄交內政部。

因此，很遺憾的，您必須親自出庭並出示身分證明正本，以及您經過認證之領養子女登記冊項目副本。

這是我和握有我領養文件的法院多次交手的紀錄之一。我是個擁有知識及資源的女性，但搞懂領養的過程把我打敗了。我不知道什麼是「領養子女登記冊項目」——花了四封電子郵件才搞懂。我知道「編製」的意思，但我懷疑其他人懂嗎？（你就不能說「經過編輯的版本」嗎？）我也懷疑，這種制式而冰冷的公文對那些心急如焚、苦苦尋覓另一個身分的人們到底有何用處。

就法院而言，領養紀錄無非就是具有法律效力的檔案，上面淨是死板又生冷遙遠的法律用語，遵循著難以理解的法令規定。這不是聘請律師的好藉口，而是簡化程序並且降低敏感度的好理由。

我想停止。我不太確定先前是否想要開始。

不過我很幸運，因為我愛上了蘇西．奧爾巴赫。我們剛在一起，但她要我感覺自己身處在一個安全之處，有人會守在那裡支持我。「我們在一起，這就表示你有權利。」說完這個，她一如往常哈哈大笑。

我遇見蘇西之前，有一次打算採訪她但未成，那次本來想談她的著作《身體》，是一本探討廣告和色情片如何影響女性身體及自我形象的書。

那時我父親過世，我不得不放下所有工作。最後我還是提筆寫信給蘇西，只是想告訴她我多麼喜歡她的書——她的每一本著作。我十九歲讀過她的《肥胖是女性議題》。我反覆讀她的《性別的不可能性》，並想著要嘗試寫一本書來回答她。從最廣泛的意義來談，書名就要叫《愛的可能性》。

我一直想弄懂愛情。

蘇西邀我吃飯。她和丈夫歷經三十四年的婚姻之後已分手大約兩年。我自從和黛柏拉分手及精神崩潰之後單身至今。我重新適應一個人的生活。但生命中的大事從來不經過計畫。我們度過一個非常美好的夜晚；食物，談話，夕陽從她家的山毛櫸樹後方落下。我在想：「她看起來很難過。」不知道我自己是否也是這樣？

接下來幾個星期，我們用電腦打字和影像畫素互相追求。我以為那種電子郵件愛情不可能發生，因為蘇西是異性戀者，而我早已放棄向女異性戀者傳教。但有些事情正在發生中，我不知道如何是好。

我和作家朋友艾莉．史密斯共進午餐。她說：「吻她就對了。」蘇西去紐約找她女兒談心，女兒蓮娜說：「吻她就對了，媽咪。」

所以我們就吻了。

有了她的信任，讓我覺得能夠繼續搜尋。領養是從自己一個人開始——你是孤獨的。寶寶很清楚自己被拋棄，這一點我很確定。因此，回溯的旅程不應該獨自完成。恐懼害怕往往來得出乎意料，也不受控制。你需要一個人可讓你抓緊——那就是蘇西每天為我做的事，其他的朋友也各自出力。我發瘋的時刻和搜尋領養過程沒教我別的，就是教會我開口求助。不要表現得像神力女超人。

我曾對我的朋友露絲・倫德爾吐露疑慮。我二十六歲就認識她，她曾在我剛起步時借住在她的一間小屋寫作。我在她的屋裡寫下《熱情》。她一直像個好媽媽，不帶個人判斷默默支持我，讓我說，讓我做。

她是英國上議院的工黨議員，人面很廣，她認為自己幫得上忙，邀集了幾位女爵私下討論，大家都認為我應該以最謹慎的態度持續下去。

我在英國算是知名人物，如果要見我母親，我希望她見到的是真實的我，而不是我的公眾形象。如果這件事受報紙掌握，我將會無法面對。《柳橙》是有關領養的故事，同時也被認為是我的故事。

我這麼想可能有些偏執，不過這偏執有理。曾有記者駐紮在我的花園，「發現」了我的女友，所以我會擔心有些記者大概很樂於「發現」我失去的母親。

所以我沒辦法很自在地填寫表格寄出，再對社工敘述我的故事。如果你想開啟一份封存的收養文件，就得遵守英國的那項強制規定。

我的搜尋由於某件事變得更加複雜。亦即：一九七六年以前，英國所有的領養都是以保密紀錄為前提而進行，而親子兩方都受到終生匿名的保證。後來法令修改，我這樣的人可以申請出生證明，或許能聯絡上失散多年的親人。但所有程序都必須受到監督，並以可見且正式的方法進行。這讓我苦惱不已。

露絲幫我聯繫安東尼．道格拉斯，他是負責英國兒童及家庭法庭建議諮詢服務的主任，自己也是個養子。我們頭一次見面他就瞭解我的處境，主動表示要幫我尋母，而且不會在我沒準備的情況下讓消息走漏到公共領域。

我把四十二年來隨身帶著的名字給了安東尼。我的親生父母名叫潔西卡和約翰，以及他們的姓氏，但我在書中不能說。

幾星期後，他來電說文件找到了，但僅只於此，因為存放檔案的紹斯波特檔案總局（Southport Records Office）的檔案資料被海水淹沒，很多文件已遭到損壞。我的檔案收在地下室，無可挽救。我仰望天空，心想一定是溫特森太太聽說我在尋母，才安排了大水。

一星期後，安東尼再度來電——我的文件找到了，但文件上的名字和我給他的名字並不吻合。

那麼，我在抽屜裡面發現的出生證明是誰的？

我是誰？

下一步，我只好冒著最可怕的風險，循一般方式向內政部申請。這表示我得前去蘭開夏紹斯波特註冊總局拜訪一位社工。

蘇西休假一天與我同行。我們約好，我會在當天北上倫敦與她會合。在這種大事的前一晚，我還是睡在自家的床比較好。

隔天早上，我原本要搭的列車取消了，下一班車又因為引擎故障，一再延駛。火車開得越慢，我的心卻跳得越快。我後來發現，坐在隔壁的乘客是一位我認識但不熟的人，車一開慢，他的話就變多。

等我抵達帕丁頓，我只剩下十四分鐘趕到王十字火車站。這在倫敦是不可能的。搭計程車至少要二十分鐘。維京豪華機車是唯一的希望——那是我使用的機車計程服務。

我跑出帕丁頓車站，機車已經發動，等在那裡。我跳上後座，狂飆轉進倫敦的車陣。我不是小貓，卻仍閉上了眼睛。

八分鐘後，我來到月臺。車子差三分鐘就要開出。我看到蘇西。她整個人——整整五尺二寸都在那兒，身穿麂皮牛仔靴、鏈子和短裙，頭髮凌亂蓬鬆，披一件凱文克萊的金色外套，看上去一臉和善又美麗迷人。她用身體霸住車廂門口，用帶點主導又有調情意味的方式和一位看來很樂的警衛聊天，因為她直到我上車之前都不會讓火車開走。

我衝進車門。嗚笛聲響起。

我們上路前往註冊總局。我帶著護照和兩張折起來而且上頭有塗抹痕跡的文件：法院命令及嬰兒健檢資料。我當時的體重是六磅九盎司。

蘇西和我坐在一間功能辦公室裡頭，世界上任何地方都看得到的那種辦公室：纖維板製成的桌子，表面貼飾板，金屬桌腳，一張矮茶几，四周擺放了醜陋的椅子，椅子上半部套著火星綠和稍嫌神經質的橘色軟墊。地板上鋪了地毯。一個文件櫃和布告欄。有臺很大的暖氣機。窗戶沒有簾子。

蘇西是世上最熟練的精神分析學家之一。會議開始，她對我微笑，什麼也沒說，但她在心裡擁抱我。我可以清楚感覺到。

我見到的社工是個性格溫暖又積極主動的女子，名叫莉雅．海沃德。

她花了一些時間說明資料保護和各種英國領養法令，以及一般聯絡管道。如果我想進一步申請，還需其他正式手續。總是有其他手續。

她看了我帶來的文件、法院命令及嬰兒健檢資料，她注意到我母親曾餵我母乳。

「這是她唯一能夠送妳的一樣東西。她把她能給的都給妳了，她大可不必這麼做，那對她反而容易。這個聯繫是多麼重要啊。餵母乳。她在妳六週大時把妳送走，那時妳還是她身體的一部分。」

我不想哭。可我在哭。

莉雅把一張文件遞給我，上頭有一張貼紙。

「這邊是妳生母的名字，這邊是妳的本名。我從來不會先看，因為我覺得被領養人應該是第一個看到的。」

我站起來。無法呼吸。

「就是它了嗎？」

我拿著紙走到窗口時，蘇西和莉雅都微笑看著我。我看了那兩個名字，眼淚直流。

我不知道為什麼。我們為什麼會哭？那些名字讀起來有如神祕符碼。

書寫在身體上的神祕符碼，只在某種燈光下才會顯現。

莉雅說：「多年來，我為許多送養孩子的母親提供諮詢，珍奈，我跟妳說，她們從來不想這麼做。妳是有人要的——妳明白嗎？」

不明白。我從不覺得我有人要。我是錯誤的嬰兒床。

「明白嗎，珍奈？」

不明白。我一生都在重演這個拒絕的模式。我出書獲得的成功像是不請自來。評論家和媒體注意到我的時候，我向他們怒吼。不，我不相信他們對我或我的作品所下的評論，因為寫作對我而言一直保持清明而不受汙染，但我確實知道我沒人要。

我最沒有保留的愛，發生在愛不會理智且確定會回報我的情境中，在婚姻的三角習題和複雜的關係。在可以的情況裡我沒能好好去愛，卻又在幾段關係中停留得太久，只因為不想成為一個半途而廢卻不知如何去愛的人。

但是我確實不知如何去愛。如果我能早一點面對那個關於我自己的簡單事實，早一點體認到我的故事（我真實的故事，和我寫的故事）其中某個人對於愛的看法可能大有問題，那麼……那麼……又會如何？

聽好，我們是人類。聽好，我們的本性就是去愛。愛是存在的，但我們需要有人教。我們想要站直、想要走路，但需要有人握住我們的手，幫助我們平衡，提供一點引導，在我們跌倒的時候扶一把。

聽好，我們跌倒。愛就在那兒，但我們得學習，學習愛的形狀和可能性。我教自己用雙腳站起，但不能教自己如何去愛。

我們有語言能力，有愛的能力。我們需要其他人釋放這些能力。

我在作品中找到一種談論愛的方式，那是真實的。我還沒有找到一種愛的方式。那一直在改變。

我和蘇西坐在這房間裡。她愛我，我要接受它。我要好好去愛。我想到過去兩年自己是如何盡最大可能讓已鈣化的心逐漸溶解。

莉雅微笑著，聲音從很遠的地方傳來。這一切看起來都太過接近當下，因為它令人如此不安，一切又那樣遙遠，因為我無法集中精神。莉雅在微笑。

「妳是有人要的，珍奈。」

在回程的火車上，蘇西和我打開了半瓶金賓波本威士忌。「調整心情。」她說。蘇西就是蘇西，她問我：「妳現在感覺如何？」

在身體的經濟體之中，邊緣系統的路線優於神經通路。我們的設計和構造就是要去感受，所有思想或心理狀態同時是一種感覺狀態。

人的感覺永遠不嫌多，雖然許多人極力減弱感受。

感覺是可怕的。

嗯，至少我認為感覺很可怕。

這班列車載送晚歸而疲憊的通勤乘客，車廂裡頭很安靜。蘇西坐在我對面閱讀，雙腳在桌子下環住我的腳。我的腦海一再浮現湯瑪士．哈代的一首詩。

別說再見
也別對我輕聲呢喃，
或說出心願以換得保證，那時我

見到早晨在牆上安歇，
不為所動，渾然不覺
你巨大的離去
已在那一刻發生，改變一切。

黛柏拉離開後，我學會這首詩，但在我六週大的時候，那「巨大的離去」早已發生。這首詩讓我找到能夠表達感受的文字。

莉雅給我一個法院的名稱，那裡可能還保存著我的收養紀錄。一九六〇年的生活脫不了當地，我原以為可能要去曼徹斯特的某處尋找，結果紀錄就在阿克寧頓。我離家以前，每天都從它們旁邊走過。

我寫了一封簡短的信，詢問它們是否仍然保存著檔案。
幾星期後得到了回覆：是的，檔案已經找出，而我提出閱覽檔案的請求將由法官決定是否許可。

我不喜歡這樣。莉雅曾說過我有權閱覽紀錄，但沒有人知道紀錄是否存在。有時資料充足，有時少得可憐。不過別的不講，我很可能找得出把我交由溫特森夫婦收養的社會機構。在那張褪色泛黃的嬰兒健檢文件頂端，機構名稱已被粗暴撕去。

我想看那些紀錄。這位法官，這位掌有權威的未知男性是誰？我忿恨不平，而我自知又陷入一種熟悉並四射的憤怒狀態。

蘇西去了紐約市，火山灰雲層使往來歐洲與大西洋的所有航班停飛，也讓她被困在那兒。

我一個人在家，收到法院的另一封來信。法官開了尊口：「申請人應填寫一般格式，並重新申請。」

我找了律師諮詢信件。

我坐在後院臺階，一遍又一遍讀著信，彷彿自己目不識丁。整個人身體微微顫抖，就像勾到通電柵欄一般。

我走進廚房，抓起一個盤子就往牆上扔。「申請人……一般格式……重新申請……」又不是要申請該死的信用卡，你這個混蛋。

接下來發生的事非常丟臉，但我強迫自己寫出來：我溼了褲子。

我不知道為什麼，不知道怎麼辦。我只知道自己的膀胱失去控制，又髒又溼的坐在臺階，就是沒辦法起身清理，只能手足無措地大哭。

我抓不到任何東西。此刻我不是珍奈．溫特森，待在自己的家，書架上有書，銀行帳戶裡有錢。我只是個嬰兒，又冷又溼，法官奪走了我的媽咪。

稍後，我擦乾身體，換上乾淨衣服，喝了點酒，打電話給莉雅。她說：「不用寫一般格式。不需要找律師。太誇張了。珍奈，交給我。我來幫妳。」

當晚，我躺在床上，細想剛才所發生的事。

這位經驗豐富的家事法院法官是否不知你正站在生命的邊緣，望著火山口？

把所謂「一般格式」寄給我，或者告訴我去哪裡可以下載，或請法院官員教我看懂法律用語，這麼做很難嗎？

我再度顫抖。

「遺失的失落」既不可預測，也不文明。我被丟回無助、無力而絕望之境。我的身體比頭腦的反應更快。正常情況下，一封來自法律界、浮誇卻又語意不清的信應該會令我發笑，然後直接加以處理。我不怕律師，也知道法律是虛張聲勢的，意圖在於恫嚇，就算毫無理由也硬要如此。法律的構造就是要讓普通人覺得自己不夠格。我並不覺得自己不夠格。但我沒料到自己會再次變成僅有六週大的嬰兒。

莉雅開始查詢，但她發現，只有第一次的會面能簡單而有幫助，後續實際與法院交涉的經過往往讓人受不了，很多人到後來就放棄了。

我們決定了，不管我的搜尋能有什麼結果，都要試著為法院訂出一些指導原則，以及可讓當事人參考的流程說明，好讓這個過程不再那麼可怕。

註冊總局的一位官員想幫我，直接寫信給法院說內政部已確認我的身分，她可以證明我和我的案子屬實，也願意親自到法院領取檔案。

不，法官說。程序不符。

我很納悶，如果我在國外生活怎麼辦？我不會非得買張機票、孤單一人來到異地辦這件事，還是買兩張機票找人陪同？那些在戰後去了澳洲的孩子又該怎麼辦？

想不到人的生命竟比不上程序重要……

我和蘇西預約要上阿克寧頓法庭。

等候室裡有一排悲慘的年輕人，身上穿著極不合身的西裝，希望能免除酒後駕車的罪名。還有幾個女孩臉上妝容完整，大概是因行竊或妨害安寧秩序的罪名而來，看上去有點膽怯。

我們被叫進會面室，律師可以在那兒和客戶交談。過了一會兒，法院的庭務員來了，看起來心煩氣燥又不快樂。我為他難過。

他拿著一卷舊檔案，另一手拿著一本大部頭的程序手冊。他知道我不好搞。

其實，我看著辦公桌對面的文件，裡面有我生命最初的一切細節，我苦惱得幾乎說不出話來。在我這場追溯領養的過程以及面對種種讓人感覺疏離的法律程序時，有一個特點是我結巴了，話說得緩慢而遲疑，最後陷入無語。我透過身體疼痛經歷到遺失的失落，這是發生在前語言時期。那個失落發生在我會說話之前，如今我又回到那兒，啞然失語。

蘇西迷人、堅韌、鍥而不捨。眼前這個可憐的男人不確定哪些資訊能透露，哪些不能。我想要知道許多事情，但法官尚未批准「編製」版本。我得在一些表格上親自簽名，接著出去，稍後轉交文件。

但檔案就在桌上……別再等了，就是現在。

庭務員同意告訴我領養機構名稱，這是非常有用的資訊。他在紙上寫下名稱，然後將辦事員當初手寫的原稿影印下來。噢，看起來好舊。他手中的表格都是手寫字，極為泛黃。

上面有母親的出生日期嗎？那能幫助我找到她。他搖頭：無法透露。

那好吧，聽著，我的養母溫特森太太老是說，我生母當年十七歲。如果我知道她的年齡，就能用族系網站找她。但是她的名字很常見，我已把範圍縮小到兩個可能性，還是不知道該追蹤哪一個。兩個都可能是錯的。這是一條叉路，是宇宙的分水嶺。幫幫我。

他直冒汗，翻著程序手冊。蘇西要我離開房間。

我撞開彈簧門，走到人行道，那兒還剩幾個年輕人沒走，其中幾個看起來得意洋洋，有幾個看起來滿心絕望，都在抽菸聊天。

真希望我不在這裡。真希望我沒有開始尋根。我幹麼開始呢？

我又回到那個上鎖的箱子，箱裡裝有皇家阿爾伯特瓷器，瓷器底下藏著文件，再下面是那張錯誤的出生證明，而那個找上門並把溫特森太太嚇得又哭又氣的女人，到底是誰？

我回到室內的時候，蘇西已設法讓庭務員答應等一下去問法官，確認檔案中有哪些資訊能說或不能說。我們得過四十五分鐘再回來。

所以我們先離開，坐在一家咖啡店外頭，店裡的茶用大大的馬克杯盛裝。我突然發現這個賣漢堡薯條的地方就是權貴餐館的舊址，溫太太的最愛。烤豆吐司，暖呼呼的窗戶，盛裝我在傳教領域的未來。

「我得趕妳出去，好讓妳閉上嘴。」蘇西說。我吃驚地看著她。我以為自己完全沒說話。「妳不記得妳說了什麼嗎？妳也沒說什麼啦，只是些胡說八道，可憐的傢伙！」

但我沒有胡說八道！我的頭腦一片空白——不是一點點，而是完全空白。我顯然又神志不清了。我現在就該停下這整件事。我討厭待在阿克寧，我不想記起任何事。

自從爸爸的葬禮之後我就沒來過這兒。

在我發瘋／狀態不好的那段期間，我每個月開車北上一次去蘭開夏探望爸爸，他也會來鄉間與我同住。爸爸日漸衰老，但他喜歡我們彼此探望。二〇〇八年，他要來和我一起過聖誕節。

我安排人載送爸爸南下。他坐在爐火前，望向窗外。醫生曾建議他不要旅行，但他下定決心要來，我的心意也很明白。我和醫生談過，他說爸爸幾乎沒有進食。

他人到了。我輕聲問他是不是想要死去，他對我微笑。「聖誕節過後。」

這是玩笑話，不過事情的確是這樣。我在聖誕夜發現他怎麼也不肯上床睡覺，只好把椅墊堆在爐火前，把他從椅子上半推半拉帶到這塊舒適的臨時床墊，幫他脫衣，再把他套進睡衣。他在逐漸燒盡的火光前很快睡去。我坐在他身邊和他說話，告訴他如果我們能早一點把事情做對就好，不過後來終究還是做對了，這樣就好，很值得高興。

我上床去，凌晨四點左右醒來，馬上起身走到樓下。貓咪趴在爸爸的床上，寧靜安好，爸爸呼吸很淺，但還有氣息。

星星滿天，在那晝夜交替的時間，星子更低垂靠近。我拉開窗簾，讓星光透進屋裡，因為爸爸可能會在這個世界或別的世界醒來。

他沒在那晚離開。兩天後，史提夫從教會來載他回阿克寧頓。他們出發後，我才發現我忙著收拾行李、準備碎果餡餅和禮物，沒有向他道別。所以我跳進我的荒原路華休旅車想趕上他們，但在山坡上的紅綠燈追上他們的車時，燈號倏然改變，他們走遠了。

隔天，父親過世。

我開車到阿克寧頓的安養中心。爸爸被陳列在他房間，已有人精心為他刮鬍穿戴，是經營安養中心的內絲塔親自處理的。「我喜歡這樣。」她說：「這是我的方式。妳坐他旁邊，我去幫妳倒茶。」

從前英格蘭北部的傳統會用迷你杯子奉茶以示尊重。高大的內絲塔回到房間，端來的茶盛在一套孩子玩家家酒用的茶具裡，包括一支眉毛鑷子大小的糖夾。她坐在單人椅上，我和死去的爸爸坐在長沙發。

「妳得見見驗屍官。」她說：「說不定妳把他給毒死了。」

「我毒死我爸？」

「對啊，用碎果餡餅毒死他。醫生叫他不要旅行。他活著去，回來這兒就死了。都怪哈洛德．希曼。」

哈洛德．希曼是最近一名殺掉許多老年患者的可怕醫生。但他可沒殺死我爸。

「我是說，」內絲塔說：「他們現在每件事都要檢查。驗屍官得先放行他的屍體，我們才能讓妳爸下葬。我告訴妳，哈洛德．希曼害慘我們大家了。」

她添了茶，對著爸爸微笑。「妳看看他。他與我們同在。妳感覺得到。」

驗屍官放行屍體，但黑色喜劇的時刻尚未結束。爸爸有一塊墓地，我們在葬禮結束後到達墓園時，我要用來支付開啟墳墓的支票還沒入帳。墳墓備好了，墓園卻只收現金。我走進辦公室詢問該怎麼處理。其中一人開始解釋去哪裡可以找到最近的提款機。我說：「我父親就躺在外頭的棺材裡，我現在不能去找提款機。」

「嗯，我們通常都堅持要先付款，因為人一旦下葬，又不能因為家人落跑就把他們挖出來。」

我向他們保證絕不落跑。幸好，我的手提袋裡有一本《柳橙》。本來打算把它放進爸爸的棺材，但我改變主意。他們對這本書有印象，其中一人看過電視劇，因此經過一陣往來推拖，他們同意當場先收取另一張支票，於是躺在柳木棺材裡的父親入了土，與他第二任妻子同葬。這是他的心願。

溫特森太太葬在距離那裡很遠的地方。孤單一人。

該是回法院一趟的時候了。「把嘴閉上就好。」蘇西說。

庭務員看起來輕鬆不少。法官已授權他告知我母親的年齡，但不能透露出生日期。她當時十七歲。就這一點，溫特森太太沒騙我。

我帶蘇西去看我在瓦特街兩百號的房子，去看布萊克本路上的以琳教會，還有圖書館。可恥啊，圖書館裡很多書都被搬走了，包括英語文學A到Z。

如同多數英國圖書館，書本借閱已不如電腦入口網站和出借光碟來得重要。

然後我們開車回曼徹斯特。途中經過布萊克利，我的生母曾住在那兒。她還在那裡嗎？那個等在公車站牌的女人是不是她？

溫特森太太說她已經死了。是真是假？

領養機構早已消失，現在又得要找另一份老舊的文件。我打電話去新的機構，結結巴巴，口齒不清地報上我的資料。

「貴姓大名？」

「珍奈．溫特森。」

「不，是妳出生時的名字。我們紀錄裡會使用那個名字，而不是溫特森。妳是不是寫過那本《柳橙不是唯一的水果》？」

噩夢噩夢噩夢。

我把處理檔案的事情留給他們，定下心來，在族系網站裡搜尋。

我對保存紀錄極度不感興趣。我會燒掉正在進行的作品。我燒掉日記，連信件也銷毀。我不想讓工作手稿賣到美國德州，也不希望個人書信變成博士論文。我不懂族譜圖有什麼可著迷，不過我當然不懂，對吧？

從網路搜尋看來，我相信母親在我被收養之後結了婚。我的出生證明上面沒有父親的名字，因此我不知道他們兩人是否展開新生活、重新開始，或者她是和另一個人無奈地生活。

不管情況如何，我對她嫁的男人立即產生一種無法解釋的反感，也祈禱那人不是我父親。他的名字不叫皮耶．K．金，卻是個類似而荒謬的法式姓名。

令我欣慰的是，我發現這人和母親很快就離了婚，他在二〇〇九年去世。

但我發現我還有個弟弟，至少是個同母異父的弟弟，因此，我雖不確定那人是不是我爸爸，還是別對他太粗魯好了。

是什麼原因讓他們把我送走？一定是他的錯，因為我不能歸咎母親，我必須相信母親是愛我的。那種想法有風險，也許只是幻想。如果我當初有人要，為什麼六週以後就沒人要了呢？

我納悶自己對男人普遍抱持負面看法，其中是否很多都與我這些不明的生命初始有關。

我現在已經不會對男人有負面感覺。那是在我發瘋時有了決定性轉變的另一件事。我所認識的男性對我很好，我覺得我可以信賴他們。但我內心起的變化不僅於此，後來我對所有人類受到的痛苦和不足，不分男女，都更加心有所感。

但無論是以前的我還是現在的ＪＷ[96]，都對母親的丈夫感到憤怒。即使他已死，我還是想宰了他。

領養機構沒有消息。我得對自己信心喊話才有勇氣再打電話過去。撥電話號碼時，我緊張得來回踱步，那又使我無法呼吸。

他們都很和善，他們向我道歉，因弄丟了我的電話號碼。噢，我不能看檔案，但我的社工可以，條件是她不能對我透露溫特森夫婦的任何細節。我覺得這規定真奇怪，況且他們都已經過世了，不是嗎？

莉雅寫信去申請檔案，同一時間，我的生日到了，而此時我追蹤生母下落一事又告中斷，因為女性會改姓。她是否再婚？還活著嗎？

---

[96] 作者名字（Jeannette Winterson）縮寫。

這讓我擔心不已。一切的努力可能白費，也許她已經死了。我曾經認定她死了……那是溫太太的故事版本。

我和蘇西在我生日那天飛往紐約市。蘇西說：「我覺得妳知道如何去愛人。」

「是嗎？」

「但我覺得妳不知道如何被愛。」

「什麼意思？」

「大多數女人都願意付出，我們被如此訓練。但多數女人都很難接受別人付出。妳慷慨又善良，否則無論妳有多麼聰明又讓人佩服，我都不會想要和妳在一起。但我們的衝突和難題都在愛這件事上頭打轉。妳不信任我對妳的愛，對不對？」

我不相信，我是錯誤的嬰兒床。這件事會和其他事情一樣出問題。我在內心深處堅信如此。

我現階段的愛的功課是要相信我的生命終究會好好的。我不一定永遠孤伶伶的一個人。我不必遇到什麼都得用力爭取或對抗。我不用逃跑，我可以停留，因為我得到了愛，健全堅定又安穩的愛。

「如果我們非得分開，」蘇西說：「妳會知道妳曾擁有一段美好的關係。」

妳是有人要的，明白嗎，珍奈？

莉雅和我約在她居住的利物浦見面。她來到我下榻的旅館，帶了另一個信封。我再度感到口乾舌燥、心跳加速。

我們買了飲料。另一份古老文件出現了。

「嗯。」莉雅說：「完整的工人階級資格。妳爸爸是礦工！只有五尺二寸高。妳看，有人用鉛筆寫在背面。他喜愛運動，當時二十一歲。黑髮。」

不是皮耶．K．金！太高興了！

我想到自己的身體。我的身高僅剛好五尺。女孩子不會長得比父親還高，那是遺傳的定律，所以我在體型上已盡了最大努力。

我的上半身很強壯。這體型生來就適合在低矮的隧道中行進，拉運煤推車，操作沉重的手持工具。我能很輕鬆抱起蘇西，因為我上健身房，也因為我的負重比率集中在上半身。我的肺一直不好……礦工的遺傳。

我又想到，一九八五年，也就是我出版《柳橙》的那一年，瑪格麗特．柴契爾解散了全國礦工工會。那時我爸爸是否上街站在示威的警戒線上？

表格的最後有我母親的出生日期。她是射手座，我爸爸也是。

表格上面有送養原因。我的生母手寫：讓珍妮特（Janet）有一對父母會更好。

我鑽研了族系網站後發現，她父親在她八歲時去世。我還知道她是家中的十個小孩之一。

讓珍妮特有一對父母會更好。

所以我是珍妮特，跟珍奈相去不遠。但是溫特森太太把我的名字法語化了。她就是會那麼做……

「我不能告訴妳太多溫特森夫婦的事。」莉雅說：「這些資訊都是機密。不過這裡有些溫特森太太的來信，說她希望能領養嬰兒，還有社工拜訪他們之後的報告紀錄，寫到了戶外廁所很整潔。有一張小紙條，寫著妳未來的爸媽『稱不上是現代父母』。」

莉雅和我哄然大笑。那張紙條寫於一九五九年。他們連當時都算不上現代，又怎麼可能跟上六〇年代呢？

「還有別的東西。」莉雅說：「準備好了嗎？」

不。我還沒準備好要看接下來的任何東西，我們再喝一杯吧。這時候，有一位和我有幾面之緣的劇場導演走上前，她也住同一間飯店。很快的，我們三人喝著飲料聊天，真希望我能變成卡通人物，來把鋸子穿出地板，在我的椅子周圍鋸上一大圈。

時間流逝。

你準備好了嗎？

「還有另外一個嬰兒，在妳之前有個男孩，保羅。」

保羅？我那聖潔而隱形的兄弟保羅？他們本來能夠擁有的那個男孩。他不會把娃娃泡在池塘，不會在睡衣套裡塞滿番茄。魔鬼把我們帶向錯誤的嬰兒床。我們是否又回到了原點？難道我找到的那張出生證明其實是保羅的？

莉雅不知道保羅後來怎樣了，但她有一張溫特森太太寄來的紙條，內容我不可以看，但溫太太表示非常失望，並解釋她已買好保羅的嬰兒服，沒錢再買一套新衣。

我只好開始接受一種可能性：溫特森太太本來想要一個男孩，因為不想浪費已經買好的衣服，我很可能被打扮成男孩。於是，我在最初的人生並不是珍妮特或珍奈，而是保羅。

噢不，噢不，噢不，我以為我的人生是出於性別選擇和女性主義云云……結果我在人生初始被當成男孩。

別問喪鐘為誰敲。

用這樣荒謬的方式來解釋一切，它便帶有殘酷的幽默，使得我對關於母親和身分的種種感受突然都變得歡樂，而非害怕。生命很荒謬，那混亂瘋狂的人生。我在腦中背誦安妮·塞克斯頓的詩，她的選集《滿心敬畏划向上帝》（一九七五）的最後一首詩。這首詩叫作〈航行結束〉。她和神一起坐下，然後……

「開始吧！」祂說，於是
我們往海邊岩石一蹲

然後——是真的嗎——
玩牌。
他叫牌。
我贏了，因為我拿到大同花順。
祂獲勝，因為祂握有五張王牌
百搭牌已選定
但我沒聽到
在祂發牌之際
我的心情如此敬畏。
他丟出五張王牌
而我坐著笑望大同花順，
因此祂開始大笑，
笑聲有如套環，從祂口中滾進
我嘴裡，
祂在上笑得直不起腰

為我們兩人的勝利笑成一片歡唱。
然後我笑了，魚形碼頭笑了
海笑了。海島笑了。
荒誕也笑了。
親愛的發牌人，
我和我拿到的大同花順，
因你的百搭牌而如此愛你，
豪放、永恆而發自丹田的哈哈大笑
以及幸運的愛。

幸運的愛。是的。向來如此。

蘇西告訴我，母親為男嬰所準備的一切都與為女嬰準備的不同，她們對待男嬰和講話的方式也不同。她認為，如果溫太太已在漫長的等候領養過程中做好心理準備，要領養男孩，那麼她獲得女孩時，將難以改變她的內在狀態。而我對所有信號都十分敏感，又試圖從失去母親的狀態存活下來，因此我會努力地與我獲得的，以及我被要求的協商。

我很想說，身分或性別認同不會以這種方式固定下來，但是，這情況的確影響了後來發生在我身上的事。尤其溫特森太太一定曾經對兩個寶寶混淆不清。

她總是感嘆我從來不肯換下短褲，但一開始是誰把短褲穿在我身上？我因獲得新資訊而感到解脫，但尋找生母一事仍沒有進展。

我很幸運。我有個朋友，他的頭腦像難解的猜字遊戲，又熱愛電腦。他下定決心要找出我的族譜圖，花了很多時間登錄族系網站、搜尋線索。他鎖定男性親屬，因為男人不會改變姓氏。

最後，他命中目標，找到我舅舅。他從選民登記資料找到地址。再追蹤到電話號碼。我為了打那通電話練習了三星期。我心中得先有個封面故事才行。

某個星期六早晨，我的心臟如同垂死的鳥兒一般掙扎跳動，我打了電話。有個男人接聽。

我說：「您好，您不認識我，但您的姊妹和我母親以前是很熟的朋友。」

呃，事實如此，不是嗎？

「哪一個姊妹？」他問。「安還是琳達？」

「安。」

「喔，是安。妳說妳的大名是？妳想聯絡她嗎？」

我母親還活著。

我掛上電話，得意又害怕。溫特森太太說謊，我的母親沒死。而那表示我還有母親。我的自我認同完全建構於身為孤兒——而且是獨生女。但現在我有舅舅、有阿姨……而且天知道我還有幾個兄弟姊妹？

我決定寫信給安，寄給那位舅舅轉交。

大約一週後，我的手機上收到一個不明的電話號碼傳來訊息。標題寫著「心愛的女孩」。我以為那是俄羅斯約會仲介寄來的，想把它刪除。自從我一位同事的電腦被偷，我就一直收到波羅的海美女徵老公的瘋狂訊息。

蘇西把手機抓過去。「萬一傳訊息來的人是安呢？」

「一定不是她！」我點開訊息——問題是，波羅的海美女傳來的訊息開頭總是：「真不敢相信是你……」之類的玩意兒，而這則訊息也是如此。

「要不要我撥那個號碼？」蘇西問。

要。不要。要。不要。要。不要。要。

蘇西拿著我的電話下樓去了。我就做我每次不知所措時最會做的事——直接睡覺去。

蘇西回到樓上，發現我在打呼，她把我搖醒。「那是妳母親。」

幾天後，我收到一封信，信裡有一張我三週大的照片，看起來一臉擔心。不過，蘇西說每個嬰兒看起來都憂心忡忡。能怪我們嗎？

信裡面說了她十六歲那年懷孕的情形，我父親頭髮烏黑，她在一所育嬰中心照顧我六個禮拜後把我送走。「那個決定真的很掙扎。但我沒錢，也無處可去。」

她說，我從來就不是見不得人的祕密。我——我透過溫特森太太還以為一切事物都是祕密。包括書本、情人、真實姓名及真實人生。

然後，她寫道：「我一直想要妳這個孩子。」

明白嗎，珍奈？妳一直是有人要的。

14 奇特的會面

……母親從街上跑過來，追在我後頭。你看她，有如天使，又如光束，追在嬰兒車旁跑著。我伸手想抓住她，那道光仍在，勾勒出她的輪廓，但她如同天使和光束般消失了。

那是她嗎，在大街盡頭、越來越小，就像幾光年外的星星？

我深信會再見到她。

《石神》（二〇〇七）

我和電影導演朋友碧本・琦德倫（Beeban Kidron）聊天。她執導《柳橙》電視劇，與我相識多年，也與我同樣善變難搞，對彼此和他人都如此。但我們皆與生活達成了某種和解，是和解，而非妥協。

我們笑溫特森太太多麼誇張野蠻，卻又絕對適合我這樣的人，因為我和她一樣永遠不肯接受生活有所縮減。她向內發展；我向外發展。

「妳要是沒有她會怎麼樣？」碧本說：「我知道妳很了不起，但至少妳運用了這個經驗。想想，妳如果就只是很了不起那會怎樣？」

是的，我在曼徹斯特有個令人不安的經驗。我曾在曼徹斯特市立藝廊舉辦過一次女性超現實主義展覽。深夜，我來到贊助商的酒吧。

這間酒吧位於地下室，原本用來存放垃圾。富裕如曼徹斯特，這最早的煉金城市，具有點石成金的技藝。如果你能讓地窖流瀉藍光，運來疊成尖塔的金屬長腳凳，用奇形異狀的鏡子蓋住不起眼的牆壁，販賣一杯要價二十英鎊的伏特加馬丁尼，又何必只把地窖拿來放垃圾呢？

這杯伏特加馬丁尼的味道極為特殊，用一種馬鈴薯伏特加酒調製而成，裝在冒煙的藍色酒瓶裡，由一位手勢頗具架式但娘娘腔的調酒師在你面前親自調製。

我那晚穿著亞曼尼細條紋套裝衣裙、粉紅色背心、Jimmy Choo品牌的鞋子，還用（原因我不能說）仿晒噴霧作出古銅膚色。

我突然發現，我那晚是注定來到這間酒吧。就算我未曾接觸書本，沒把我的古怪寫入詩歌，憤怒寫進散文，仍然不會是沒沒無聞的窮光蛋。我會用曼徹斯特的魔法將自己冶煉成金。

也許我會做房地產，發一筆財。也許我會有一份愚蠢的工作，嫁第二任或第三任丈夫，住進農莊風格的房子，在屋前石子路上停放一輛高級休旅車，花園裡有熱水池，但孩子沒興趣和我講話。

我仍然會穿上亞曼尼，帶著仿晒的膚色，踏進諸多藍色地下室酒吧之一，喝許多伏特加馬丁尼。

我是那種寧願走路也不肯等公車的人；寧願把車開走，也不要坐困車陣。我會預設有問題等在面前要解決。我沒耐性排隊，寧願放棄，也不排隊。我也不接受否定的回答。

「不」是什麼意思？你要不是問錯問題就是問錯人。得找方法讓回答變成「好」才行。

「妳就是會找到那個『好』為止。」碧本說：「某種能讓妳這個人接受的『好』，就表示背景穩定了下來。我不知道妳為何經過這些年依然如此，但妳就是這樣。」

我想這可能是因為路徑分岔點的緣故。我一直目睹生活從原本可以選擇的方向岔開，奔往另一個方向。機運和情境打開了一道又一道的門或路，而後關上；性格和欲望打開了一道又一道的門或路，重又關上。

但感覺像是我這個人必然如此。就像宇宙有眾多行星，卻只有這顆藍星，地球，才是家鄉。

我想，過去幾年來我已經回到家了。我一直努力打造自己的家，內心卻沒有家的安適感。我努力要成為自己生命中的英雄，然而每次查詢流離失所之人的名單，卻發現自己仍在其中。我不知該如何找到歸屬。

我內心渴望嗎？是。我已有歸屬嗎？非。

露絲・倫德爾（Ruth Rendell）打電話給我：「我覺得妳應該做個了結。既然已找到母親，當然要見面。妳有沒有和她通過電話？」

「沒。」

「為什麼呢？」

「我怕。」

「要是不怕才奇怪！」

我信任露絲，也（幾乎）總是照她說的去做。她平常不會這樣打電話來出考題，但她感覺到我在逃避——我的確是。我花了一年好讓這一刻更加接近，現在卻在拖延時間。

「妳搭哪一班火車？」

「好吧……好吧。」

好吧。儘管外頭下著雪，電視新聞要大家待在家裡別外出，我還是搭了火車前往曼徹斯特。我決定在飯店住一晚，隔天早上搭計程車去找安。

我喜歡那家飯店，經常在此下榻。父親葬禮前一晚，我也住那兒。睡醒的隔天，父親的靈柩被抬入教堂，我的情緒潰堤。我三十五年沒踏進那教會，突然之間一切重新湧現。全是古老的過去。

我起身說話。談到爸爸時，我說：「我生命中最遺憾的事不是判斷錯誤，而是沒能好好感受。」

這是我在房間裡靜靜吃著晚餐時想到的事。

至今人們仍普遍想像思緒可能不帶感情。心理分析和科學長久以來對此加以反駁，也從無詩人或神祕主義者予以採信。其實不可能。思緒不可能不帶著情感。

我們保持客觀的同時，也是主觀的。我們保持中立的同時，也參與其中。當我們說「我認為如何」，其實並未把情緒隔在門外。如果你要某個人不帶情感，等於要他們去死。

我沒能好好地感受，是因為我一旦太過痛苦就會封閉感情。記得我和教子一起看《玩具總動員3》，看到那隻被丟棄的玩具熊搖身變成遊戲間的暴君，我為了牠最終歸結出的生存之道而哭：「沒有主人，不會心碎。」

但是我想被認領回去。

我樹立的自我風格是獨行俠，不是為了返家而長途跋涉的靈犬萊西。但我需要領悟一件事：人可以獨來獨往，也同時想要有人認領。這要回到生命的錯綜複雜：生命不是非黑即白，無趣又老套的二元對立。卻是兩者兼具，保持平衡。寫起來簡單。要做到／達到那種狀態卻很難。

我曾傷害過的人、曾犯下的錯，還有我對自己和別人造成的傷害，都不是出於做錯判斷，而是因為愛逐漸硬化，成為失落的所在。

我搭計程車駛出曼徹斯特，身上帶了一束花。我有地址，可是感覺很糟。蘇西打電話來：「妳在哪兒？」不知道，蘇西。「妳上車多久了？」五十年了吧。

曼徹斯特的市容兩極，不是閃閃發亮就是殘破不堪。倉庫和市政建築已變成飯店、酒吧或時尚公寓。市中心嘈雜、閃耀、愛現又光耀成功。自從成為英格蘭的引擎，這座城市一直不吝於炫富。

車子再往前開，曼徹斯特的財力變化顯而易見。原本端莊的連棟公寓已變成貧民窟，而後被鏟除，取而代之的是高聳的大樓、死胡同、綜合購物中心和遊戲商場。印度人經營付現取貨的暢貨中心，似乎還有點生意，但多數小店都關門大吉，在車輛快速駛過而不甚友善的大馬路上銷聲匿跡。

偶爾會出現一種四方形的石造建築，荒涼孤立，它是技工會館或互助合作社。有座高架橋，白樺樹叢，髒掉的石牆。廢棄物的遺跡。一間輪胎倉庫、一家巨型超市、一塊出租車招牌、一處賭博投注站。幾個踩滑板的孩子，他們從不知道可以有別的生活方式，老伯一臉茫然。我們怎麼會變成這樣？

我感到憤怒，就像回到二十英里外的故鄉那般憤怒。是誰花錢破壞了市容？有何目的？為什麼好人不能住得像樣一點？為什麼會有柏油碎石、金屬柵欄，還有奇醜無比的住宅區和市郊商業區？

我熱愛北英格蘭的工業，卻痛恨這裡發生的事。

我知道自己只是用這些想法來分散注意力。計程車開始放慢速度。到了，JW，我們到了。

我走出計程車，感到受困又絕望，極度恐懼，渾身不舒服。蘇西一直要我安於當下的感受，不管多難，而不是一股腦兒把它推開。

我有種歇斯底里的衝動，想要大唱〈振作，汝乃上主聖徒〉。但不可以，那屬於另一個童年，另一個母親。

還沒敲門，門已打開，面前站著一個男人，與我長得頗為相似。我知道我有個同母異父的弟弟，這一定是他。「你是蓋瑞嗎？」我問：「姊，妳好。」蓋瑞說。

廚房傳來一陣騷動，跑出兩隻小狗，像兩顆茸毛溜溜球一樣彈上彈下。然後，從晒衣繩的混亂之中，有個人走來，在零度以下的天氣洗衣的行為顯示出真正的樂觀。走來的是我母親。

她很嬌小，眼神發亮，笑容可掬。

我非常高興見到她。「我以為可以在妳來之前清洗完畢。」這是她說的第一句話。

換作我大概也會這麼說。

安對我的生活略知一二。我把《柳橙》電視劇的光碟寄給她看，讓她知道「妳不在的時候發生了什麼」。她對溫特森的世界深感苦惱，也對我另一個母親浮誇式的瘋狂感到難過。

「對不起，我離開了妳。我並不想那麼做，妳知道的對不對？我沒錢，無處可去，皮耶也不肯養另一個男人的孩子。」

跟我想的差不多，但我沒說什麼。對蓋瑞來說，如果我這個同母異父的新姊姊一坐下來就抨擊他已故的父親，對他似乎有失公平。

我不想看她難過。「我不介意。」我說。

後來，我把這段告訴蘇西。等她笑夠了以後，便一口咬定這真是世上最不恰當的反應。「不介意？把我放在家門外等會兒拖車就跟著福音帳篷過來。我不介意！」

但我是說真的……我不介意。我確實不怪她。我認為她做了她唯一能做的事。我是她丟出船外的瓶中信。

我確切知道，溫太太也把她能給的都給了我。她送上一份黑暗之禮，不過那並非一無是處。

母親坦率又和善。我覺得很怪。母親應該要像迷宮，而且心存報復。我一直擔心該怎麼開口介紹我的女朋友，因為安問起我有沒有丈夫和孩子。但女朋友的事一定得說。

「妳的意思是妳不和男人約會嗎？」她問。

我想我就是這個意思。

「我覺得沒關係。」安說。

「我也是。」蓋瑞說。

等等……事情不該是這樣的。以下才是應該發生的情況：

我決定對溫特森太太說我戀愛了。我已不住在家裡，但我想讓她知道那對我有多重要。我即將前往牛津，距離我們談到快樂／正常的那一刻已過了一段時日。我是這麼想的，但也逐漸體會到時間並不可靠。古諺是這麼說的：**給它一點時間，時間可以治療一切**。不過那得看是誰的時間。溫特森太太活在末日之中，一般時間對她沒有多大意義。她仍為了錯誤的嬰兒床而憤慨。

她正在用日影牌銅油擦拭煤斗。她已把壁爐架上的飛鴨和鱷魚胡桃鉗擦得雪亮。我不知該從何開始，只好開口說：「我想我會一直像現在這樣愛著女人……」

一瞬間，她腿部上方靜脈曲張的血管突然爆開，噴泉一樣往上竄，深紅色的血直衝天花板。我抓起拭銅布試著止血。「對不起。我不是故意要惹妳難過……」然後她的腿又爆開了。

現在她躺在椅子上，把腿抬放在擦到一半的煤斗，望著天花板，不發一語。

「媽……妳沒事吧？」

「我們剛才把天花板裝飾好了。」

如果她說的是「噢，我和妳爸都覺得沒關係」，不知道我的人生會如何？

如果我一直跟著安，人生會是怎樣？會不會交女朋友？如果我根本無需為要交女朋友而奮力搏鬥呢？我不太相信有同性戀基因這回事。也許我早已結婚生子，弄個仿晒膚色等等。

我一定是因為思考這些事情所以安靜下來。

安說：「溫特森太太是不是隱性的同性戀啊？」

我被茶嗆到。這就像提出焚燒可蘭經日[97]這種活動。有些事你連想都不能想。不過既然說了出來，我的心思就被這可怕的想法給占據。我很篤定她毫無什麼隱性可言。如果她的某些傾向轉為隱性，那反倒好。我想，以她把左輪手槍放入工具櫃等等的行徑，她說不定是個隱性的殺人兇手吧。但我覺得這全都是她的表面，加諸無法破解的加密編碼。她就是她自己的啞謎，但我和爸爸不是布萊切利的解謎專家[98]。

「我不懂。」安說：「她幹麼說『絕不准讓男生碰妳下面』。」

「她不要我懷孕。」噢，糟糕。這事說出來不妙，但溫特森太太堅決反對以前所謂的未婚生子，她對於讓我有機會出生、也讓她擁有孩子的那個女人只有輕蔑。

安說：「我嫁了四任丈夫。」

「四任？」

她面帶微笑。她不批判自己，也不論斷他人。生命就是它本來的模樣。

我那個來自曼徹斯特，身材矮小的礦工父親並不在那四任丈夫之中。

「妳遺傳到他的體型，窄臀。我們這邊的下盤寬。妳還遺傳到他的頭髮，他的膚色黝黑，很帥。他是個騷包的男生。」

我得好好想一想。我母親有四任丈夫。另一個母親可能是隱性的同性戀。我父親是個騷包男。大量資訊有待吸收。

「我喜歡男人，但不依賴他們。我可以自己做電工、抹水泥、組裝層架。我這個人啊，是不會依賴任何人的。」

是的，我們很像。樂觀，獨立。我們都對自己的身體感到自在。我曾納悶為何我對自己的身體感到自在，也喜愛自己的身體。我看著她想，這大概是遺傳吧。蓋瑞的身材很好，不過他是精幹結實型的。他喜歡走路。一個星期六下午走十四英里對他來說小事一樁。他也練拳擊。他們用自己的樣貌，以及可以投入的事物維護了工人階級的自尊。他們喜歡彼此，我看著。他們說話，我聽著。這是我們原本可以過的生活嗎？

但是安一直必須工作，因為皮耶離開她時孩子還小。如果當時我在，可能得要照顧

❾❼ 美國佛州牧師瓊斯（Terry Jones）於二〇一〇年發起反伊斯蘭運動，提倡在九一一事件九周年紀念日焚燒《可蘭經》，各界譁然。

❾❽ 德國於二次大戰期間使用特殊密碼機編譯密文通訊；英國政府成立布萊切利小組（Bletchley Park）網羅解密專家解讀密碼。

弟弟們。我大概會心生怨懟。

我記得她在送養表格上面寫的話。讓珍妮特有一對父母會更好。

可是，她兒子也有很長一段時間沒有爸爸在家，她自己也是。她父親在五〇年代就過世了。

「我們家有十個小孩。」安說：「哪能擠進兩間臥室呢？我們付不出房租時，總是搬家躲債。爸爸有一輛手推車，他會回家大喊，『整裝出發』，然後我們跳進推車，開始新生活。那時候有很多便宜的地方可租。」

我的親外婆有十個孩子，其中四個還活著。她一輩子都在工作，更早之前曾是社交舞冠軍。

「她活到九十七歲。」安說。

我去了洗手間。我本來一直是個孤兒和獨生女，現在我來自熱鬧的大家庭，這些親戚跳社交舞，長生不老。安的么妹琳達來訪。在法律上她是我阿姨，但她和我女友同年，而我到這個生命階段還在蒐集阿姨，真是荒唐可笑。

「每個人都很想看妳。」琳達說：「我在電視上看過《柳橙》，不知道原來就是妳。我女兒訂購了妳所有的書。」

這表示她有心。我們都需要做點調整。

我喜歡琳達，她住在西班牙，在那裡經營婦女團體、教舞，還做其他事。「我向來是安靜的那個。」她說：「一大家子同聚的時候，妳根本插不上話。」

「我們應該要開個派對。」安說。然後，她以一種有如溫太太風格的轉折方式說：「我每天早上醒來都問自己：『我怎麼在這兒？』」

她的意思並不是「噢，不，我竟然還在這兒？」這不太像溫太太。安是真的想找到問題的答案。

「一定有什麼我們不知道的意義，」蓋瑞說：「我一直在閱讀有關宇宙的東西。」

琳達一直在讀《西藏生死書》，也把它推薦給蓋瑞。

舊式的曼徹斯特工人階層都是如此。你思考、閱讀，再思考。我們可以回到技工會館，回到工人延伸講座，回到公立圖書館的閱覽室。我感到自豪。為他們，為我，以及我們的過去和遺產。我也感到難過。我不該是唯一受教育的人。這屋裡的每個人都天資聰穎，也都在思考更重大的問題。這情形應該讓功利的教育家知道。

我也不知道我們為何在這裡，但無論答案如何，我想起一八四四年的恩格斯。我們在這裡可不是為了被當作「有用之物」看待。

我和他們聊得很起勁，五個小時很快過去。但我得走了。我要去倫敦與蘇西見面。

我起身道別。感到一陣腿軟，精疲力盡。

安擁抱我。「我曾經想過妳會不會想要找我。我希望妳會。我想找妳，但似乎不該那麼做。」

我想說的話無法說出口，無法思考。我搭計程車回到車站，一路上都沒回過神。我給自己和蘇西買了點食物，她已經工作一整天了。我還給自己買了半瓶紅葡萄酒。我打電話給蘇西，卻說不出話來。「讀報紙。冷靜。妳嚇到了。」

安傳來一個簡訊。希望妳沒有失望。

15 傷口

我的母親得費好大一番工夫才能割捨自己的一部分，把我送走。從此以後，我一直感覺得到那個傷口。

溫特森太太還真是虛實參半。她發明了很多個壞媽媽給我：有婚前性行為的墮落女人，毒蟲，酒鬼，狐狸精。這對我另一位母親太沉重，但我替她承擔了。我既想為她辯護，卻同時為她感到羞恥。

最難受之處在於我不知道真相。

我一直對於偽裝和身分錯置以及命名和真相大白很感興趣。你是怎麼被認出來？又是怎麼認出你自己的呢？

在《奧德賽》裡，奧德修斯縱使歷經風霜、天涯漂泊，依舊不斷被驅策要「記得回去」。

那段旅程就是一趟回家之旅。

他到達家鄉伊薩卡的時候，妻子正飽受一群粗魯狂妄的追求者騷擾，在地方上鬧得沸沸揚揚。這時發生兩件事：他的狗聞出他的氣味，而妻子從他大腿上的傷疤認出他。

她觸摸那個傷口。

還有許多關於傷口的故事：

希臘神話裡的凱隆（Chiron）屬於半人半馬的一族，被沾有九頭蛇怪物血液的毒箭射中，由於他擁有不死之身，此後必須永遠活在痛苦之中。但是，他以傷口的疼痛為人治病。傷口成為它自我緩解的膏藥。希臘神話裡的普羅米修斯（Prometheus）向天神盜火，因而遭受每日受傷的懲罰：有一隻老鷹每天早上棲息在他的髖部，將他的肝臟撕扯出來，這傷口在夜間癒合，卻在隔天再被撕裂。我想到他被綑鏈在高加索山區，炎炎烈日將他晒得黝黑，但腹部的皮膚就像小孩的肚皮那般幼嫩蒼白。

多疑的門徒多馬要用手探進耶穌肋骨旁的釘傷[99]，才肯相信真的是耶穌從死裡復活。

格列佛在旅程將盡之際膝蓋後方中箭受傷，那時他正要離開慧駰國——那裡由溫文有智慧的馬兒統治，遠勝人類。格列佛回家後寧願住在自己的馬廄，他膝蓋後頭的傷口從未癒合。傷口提醒他：還有另一種生活存在。

漁人王的故事是最神祕的傷口之一。漁人王是聖杯的守護者，生命也因為聖杯而延續，但他有個始終好不了的傷，而除非傷口痊癒，否則他無法統一王國。最後，加拉哈德（Galahad）出現，用雙手覆在國王身上，治癒了他。在另一個故事版本中，到來的是珀西瓦爾（Perceval）[100]。

傷口是一種象徵，不能被簡化為任何單一解釋。但受傷似乎是「成為人」的一個線索，或關鍵。這裡面有價值，也有痛苦。

我們在這些故事中可以看到，傷口近似一種禮物：受傷的人被傷口標記出來——這標記兼具字面及象徵的意義。傷口是一種區別的標誌。就連哈利波特也有個傷疤。

佛洛伊德強取伊底帕斯（Oedipus）的神話，加以改頭換面，變成兒子弒父及愛欲母親的故事。不過，伊底帕斯也是敘說領養和傷口。他母親伊俄卡斯忒（Jocasta）在拋下他之前先把他的腳踝刺穿在一起，使他無法爬著逃跑。他獲救之後返回家，殺死父親，並且迎娶了自己的母親。沒人知道他是誰，只有盲眼的先知提瑞西阿斯（Tiresias）認出了他。這情況是某個人的傷口認出了另一人的傷口。

原本屬於你的東西，你不能否認。拋出去的總會返回，會清算、會復仇，或許也會和解。然而一定會歸返。傷口會把你帶到那裡。傷口是血的痕跡。

計程車在屋外停下，此時開始有雪花飄落。我發瘋的時候曾經夢見自己臉朝下趴在一片冰層上，在我之下有另一個冰封的我，與我手對手、口對口。

我想要破冰，但要不要往冰封的自己身上刺呢？

我站在雪中，也可能站在過去的任何一個時間點。我必定要來到這裡。

---

99 出自聖經〈約翰福音〉第二十章第二十五節。

100 出自英國中古時期亞瑟王傳奇故事，兩人皆為圓桌騎士。

生育本身就是一個傷口。在過去，女性每月的月經出血曾帶有神奇的意義。嬰兒迸入這個世界裡，撕裂母體，也使得孩子小小的頭骨仍然柔軟開放。孩子是一種療癒，也是一道割傷。是失去和尋回的所在。

天空下著雪。我在這裡。失去，也被尋回。

此刻，像一個似曾相識的陌生人那樣站在我面前的，就是愛。這個返回，或者說這個歸返的過程，使得「遺失的失落」有了名字。我無法打破將我和自我隔閡的冰層，只能讓它融化，而那表示我將失去所有穩固的立足點，與所有的地面接觸。那也表示要與一種猶如徹底瘋狂的東西進行一場混亂的融合。

我一生的努力都來自這個傷口。想要讓它痊癒，意味著要結束某個身分，那個定義我的身分。然而癒合的傷口不會消失，總會留下疤痕。永遠可以從我的傷疤將我認出。

我母親也一樣，這也是她的傷口，她的生活已經圍繞著某個不得已的抉擇成形。現在——從現在起，我們要如何看待對方？我們是不是母女？我們是什麼關係？

溫特森太太光榮負傷，有如中世紀的殉道者，為了耶穌而被剜挖得鮮血淋漓。她拖著十字架，好讓大家能看得見。人生的意義就是苦難。如果你問：「我們為何在此？」她會回答：「為了受苦受難。」

畢竟末日之說認為，這條在地球上過渡的生命只不過是一連串的失去。

但是我的另一個母親已失去了我，我也失去了她，我們的另一種生活像是躺在沙灘上的貝殼，保存著海潮的回音。

那麼，許多年前那個來到花園把溫特森太太丟進痛苦憤怒，使我被飛快丟回大廳、一拳擊退到另一種生活的人，是誰？

我猜那可能是保羅的母親。那位聖潔又隱而不見的保羅。我想那是我自己的想像，但我的感受卻不是如此。不管那個暴烈的下午發生了什麼事，都與我找到的那張出生證明息息相關，結果那出生證明卻不是我的。那個下午，也和我多年後打開的盒子有所關連，自成一格的命運。我在盒子裡發現幾張文件，讓我得知自己的另一個名字，而它被劃掉了。

我已學會閱讀弦外之音。我已學會觀看影像背後的意義。

回到以前在溫特森世界的日子，我們在牆上掛了一組水彩畫，是維多利亞時期的畫風。溫太太從她母親那裡繼承了這幾幅畫，她想用一種居家的方式來展示。但她堅決反對「偶像」（見〈出埃及記〉、〈利未記〉、〈申命記〉等），因此極力找到解決之道：就是把圖畫的正反顛倒掛。我們只看到牛皮紙、膠帶、大頭釘、水漬和掛繩。這是溫特森太太的生命版本。

「在妳沒寄任何東西來之前，」安說：「我向圖書館借了妳的書，還對館員說：『這是我女兒。』『什麼？』她問道：『這是幫妳女兒借的嗎？』『不！我女兒是珍奈·溫特森。』我覺得好光榮。」

一九八五年，電話亭。溫特森太太戴著頭巾，怒氣沖沖。

話筒傳來嗶聲……更多銅板投進投幣口……我心想：「為什麼妳就不能為我感到驕傲呢？」

話筒傳來嗶聲……更多銅板投進投幣口……「這是我生平頭一遭得用假名訂書。」

幸福快樂的結局只是一次暫停。大結局有三種：復仇。悲劇。寬恕。復仇和悲劇通常一起發生。寬恕使過去得到救贖。寬恕，使未來暢通無阻。

母親試著把我丟出她生命裡的災難現場，我卻降落在超乎她想像的一個地方。

我在那裡，離開了她的身體，離開我唯一所知的事物，一次又一次經歷分離，直到連自己的肉體都待不下去，想要離開。那是我最後可行的逃脫方式。但是，有了寬恕。

我來到這裡。

再也不離開。

到家了。

尾聲

我開始寫這本書的時候，不知道會寫成什麼樣。我在真實時間裡寫作。書寫過去，探索未來。

我不知道找到母親會是什麼感覺。我到現在仍不確定。但我知道，電視劇風格的大團圓和粉紅煙霧繚繞的幸福都不是真的。關於領養，我們需要一個更好的故事。

許多人對於找到親人感覺失望，許多人感到後悔。還有許多人根本不去尋根，因為他們對於可能找到的結果感到害怕，對於自己可能出現的感覺害怕。或者更糟，他們害怕自己到時候可能毫無感覺。

我和安再度約在曼徹斯特見面，只有我們兩人，一起吃午餐。我很高興見到她。她和我一樣走路飛快，四處張望，像狗兒似的聰明警戒。我也一樣。

她對我說了一些有關我生父的事，他想把我留下。她說：「是我不讓他這麼做。我們很窮，雖然我們住的地方有鋪地板。」

我好喜歡這種說法，這讓我笑了。

接著她跟我說，她曾在附近的工廠工作。工廠名為萊佛士，經營者是猶太人，為馬莎百貨製造大衣和長袍。「那時候的東西都是英國製，品質很不錯。」她告訴我，那時候大家不管有沒有錢，或住不住得起鋪了地板的地方，人人都穿量身訂作的衣服，因為滿街都是裁縫店，布又便宜。曼徹斯特當時仍是布料之王。

她的老闆老萊佛士先生為她找了母嬰照護中心，並答應她休養過後可以回去工作。

我覺得這個故事很有意思，因為我一直覺得和猶太人在一起很自在，我也有很多猶太朋友。

「我帶了妳去曼徹斯特四處逛逛，還在妳三週大的時候拍了照片。就是我寄給妳的那張。」

喔，就是那個一臉寫著「噢不，別這麼做」的寶寶。

我記不清了，但其實我們每件事都還記得。

然而很多事她記不得了。失去記憶是一種因應傷害的方法。我嘛，面對傷害就去睡一覺。如果我心情不好，不到幾秒鐘我就可以睡著。我一定是自己學會這個應付溫特森太太的生存策略。我知道就算在門階上和煤孔裡我也能睡。安說，她從來就不是個好睡的人。

午餐就要結束，我準備要離開，否則我會當場睡著，倒在餐桌上。並不是因為出自無聊。我在回程火車上立刻睡著。所以，似乎還有很多正在發生的事情是我不懂的。

我想，安應該覺得我很難懂。

我想，她會喜歡我把她當作母親。我想，她會喜歡我經常聯絡。但無論領養到底是什麼，都不能讓人瞬間成為一個家庭。和養父母無法如此，和重新尋獲的父母也同樣不能。

我的成長像是狄更斯的小說，故事裡面真正的家人都沒有血緣關係，他們靠著深厚的情感連繫和時間的延續變成你的家人。

我們道別時，她非常親暱地看著我。

我感到溫暖，但我起了戒心。

是什麼讓我懷有戒心？我在提防什麼？我不知道。

我們的生活之間有一道鴻溝。她對溫特森的世界感到難過。她責怪自己，也責怪溫特森太太。但我寧願我是這樣的自己，我已經成為這樣的我，而不是沒有書本、沒受教育、沒有一路發生在我身上的一切（包括溫太太）的我。我覺得自己很幸運。

這些要怎麼對她說，才不會讓她覺得我輕率以對，或者貶損其重要性？

我不知道我對她懷著什麼樣的感覺。一旦感覺不明確，我就會慌張。就像是盯著泥濘的池塘，我不要等著它慢慢形成一個淨水的生態系統，我寧願先把池水抽乾。

這不是頭腦／心靈的分裂，或思想／感受的分歧。這是情感來源的母體。我可以把不同而對立的觀點和現實，輕鬆戲耍於股掌之間，但我討厭同時擁有一種以上的感覺。

領養同時有這麼多元素。它什麼都是，卻也什麼都不是。安是我母親，也是一個我全然陌生的人。

我努力避免落入「這對我意義重大／這對我毫無意義」的悲慘二元對立，試著尊重自己的複雜性。先前我想要知道自己最初的故事，但現在，我必須接受這故事也只是一種版本。這是個真實的故事，但它仍然只是某個版本。

我知道安和琳達想要把我納入她們的家庭，她們慷慨為懷，我卻不想被納進去，並非我鐵石心腸。我很高興知道安還活著，想到她有人相伴我也很開心。但我不想加入。對我而言，重要的並不是那件事。我也沒有感受到生理上的連結。我並沒有感覺到：「哇，這是我母親耶。」

我讀過許多感情洋溢的文字描述與家人的團聚，我的經驗截然不同。我只能說，我很愉快。那是個正確用詞——因為知道母親平安。

我無法變成她想要的女兒。

我也無法變成溫特森太太想要的女兒。

我有些並非收養子女的朋友告訴我不用擔心。他們也不覺得自己是「對的」小孩。

我對於自然天賦／後天養育的比較很感興趣。我發現我討厭安批評溫特森太太。溫特森太太是怪物，但她是我的怪物。

安來倫敦真是個錯誤。這是我們第三次見面，結果大吵一架。我對著她大吼：「至少那時候溫特森太太在。但妳在哪裡呢？」

我不怪她，我為她當初所做的選擇感到高興，但我顯然也滿懷怨忿。

我必須把這些事放在一塊兒，同時感受這兩件事，或全部的事。

安在年輕的時候沒有得到太多關愛。「媽沒時間溫柔。她愛我們的方式就是讓我們吃飽穿暖。」

當她的母親年邁，安鼓起勇氣問了這個問題：「媽，妳愛我嗎？」她母親說得清清楚楚：「愛。我愛妳。就別再問我了。」

愛。這個難懂的字。一切都從這個字開始，我們也總是回到這裡。愛。愛。愛的匱乏。愛的可能性。

接下來會是如何，我全然不知。

（全書完）

木馬文學 144

正常就好，何必快樂
——當代最好也最具爭議性的作家，珍奈・溫特森自傳
Why be happy when you could be normal

作者	珍奈・溫特森（Jeanette Winterson）
譯者	三珊
社長	陳蕙慧
副總編輯	戴偉傑
特約編輯	林立文
行銷企劃	陳雅雯、尹子麟、洪啟軒
電腦排版	極翔企業有限公司
讀書共和國集團社長	郭重興
發行人兼出版總監	曾大福
出版	木馬文化事業股份有限公司
發行	遠足文化事業股份有限公司
	地址 231新北市新店區民權路108之4號8樓
	電話 02-2218-1417　傳真 02-8667-1891
	Email: service@bookrep.com.tw
	郵撥帳號 19588272 木馬文化事業股份有限公司
	客服專線 0800221029
法律顧問	華洋國際專利商標事務所 蘇文生 律師
印刷	呈靖彩藝有限公司
二版	2020年7月
定價	新台幣360元

ISBN 978-986-359-784-1

國家圖書館出版品預行編目(CIP)資料

正常就好，何必快樂——當代最好也最具爭議性的作家，珍奈・溫特森自傳 / 珍奈・溫特森(Jeanette Winterson)作；三珊譯. -- 二版. -- 新北市：木馬文化出版：遠足文化發行, 2020.07
面；　公分. --(木馬文學；144)
譯自：Why be happy when you could be normal?
ISBN 978-986-359-784-1(平裝)

1.溫特森(Winterson, Jeanette, 1959-) 2.回憶錄 3.女作家

784.18　　109003381